Silke Martin ▪ Christin Kasri

Eine kulinarische
Entdeckungsreise
durch Franken

UMSCHAU :

Mainufer in Bamberg

INHALT

INHALT

INHALT

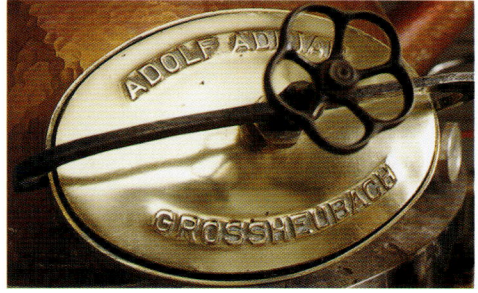

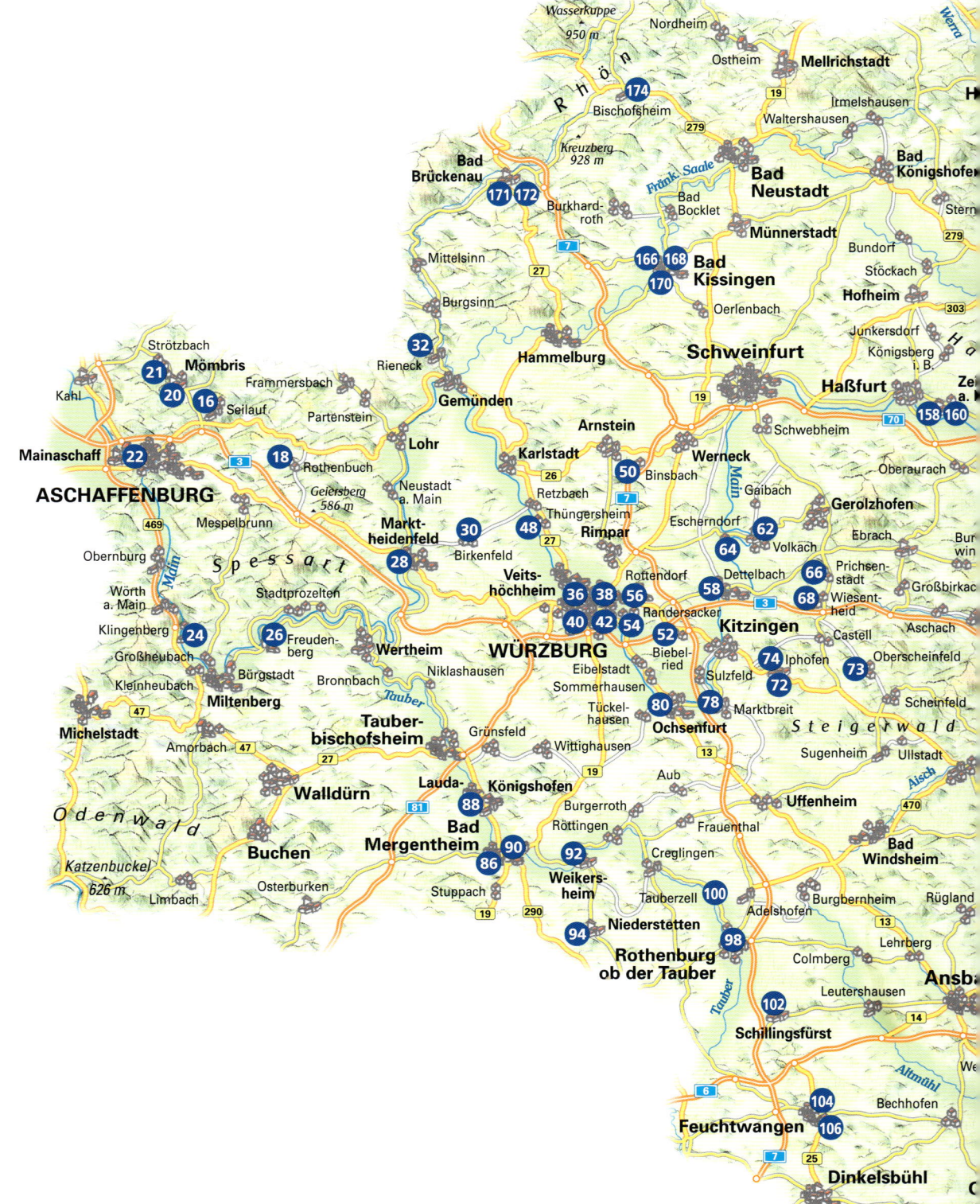

Die Zahlen in der Karte sind identisch mit den Seitenzahlen der einzelnen Betriebe in diesem Buch und bezeichnen ihre Lage in Franken.

Eine kulinarische Entdeckungsreise durch Franken – das bedeutet
eine Reise durch vielfältige, abwechslungsreiche und charaktervolle Landschaften, mal wildroman-
tisch und waldreich, dann wieder
lieblich und von sanften Hügeln
und Weingärten umrahmt, historische Städte mit bewegter Vergangenheit, mittelalterliche Kleinode,
von wehrhaften Stadtmauern umgeben, und vom Wein geprägte
Marktflecken, deren idyllische
Rebhänge an gemächlich dahinfließenden Flüssen enden – und
natürlich eine köstliche und ebenso

abwechslungsreiche Küche, die garantiert
jeden Feinschmecker begeistert.
Das kulturhistorische Erbe Frankens wurde
besonders durch zwei herausragende Künstler – den spätgotischen Bildhauer und
–schnitzer Tilman Riemenschneider und
Baumeister Balthasar Neumann, einer der
wichtigsten Architekten des Spätbarock –
geprägt. Sie sind allgegenwärtig in Kirchen,
Schlössern, fürstbischöflichen Residenzen
und Wallfahrtskapellen und begeistern seit
Jahrhunderten mit ihren unschätzbaren und
unvergleichlich schönen Werken. Der eine
mit meisterlich geschnitzten Madonnen und
Heiligenfiguren, der andere durch imposante
Bauwerke von prachtvollem Glanz.

Dieser Reichtum an Sehenswürdigkeiten
spiegelt sich auf wunderbare Weise auch in
der fränkischen Küche mehr als gelungen
wider. Das lukullische Füllhorn dieser Landschaft zwischen Spessart und Fichtelgebirge,
Rhön und Altmühltal bietet eine köstliche
Auswahl an Spezialitäten, von würzigem
Wild und fangfrischem Fisch über edle Pilze
und sogar Trüffel bis hin zu zartem Lamm
und Zicklein. Im Fränkischen Weinland und
dem Lieblichen Taubertal gedeihen herausragende und preisgekrönte Weine vom Silvaner bis zum Riesling, vom Tauberschwarz
bis zum Spätburgunder. In „Bierfranken" und
im Besonderen in der Fränkischen Schweiz
mit seinen über 70 Brauereien zeigt sich die

VORWORT

hohe Kunst des Brauens durch eine vielfältige Palette an urwüchsigen, kräftigen
Bieren.

Und all die kreativen Küchenkünstler zwischen Aschaffenburg und Bayreuth, Coburg
und Nürnberg bedienen sich ideenreich und
fantasievoll dieser reichen Gaben und setzen
sie in köstliche und variantenreiche Gourmandisen um. Je nach Lust und Laune
können Sie die herzhafte fränkische Vesper
im lauschigen Biergarten oder in der gemütlichen Weinstube genießen, in der fränkischen Lebensart tief verwurzelte Traditionsgerichte im familiengeführten Brauereigasthof oder dem idyllisch gelegenen Landhotel
kosten oder auch im eleganten Sterne-

Restaurant Gang für Gang eines edlen
Gourmet-Menüs genüsslich zelebrieren –
Frankens Küche bietet Schlemmereien für
jede Gelegenheit.

Viele Sterne, Kochmützen und -löffel
glänzen über dem fränkischen Gastronomie-
himmel. Frankens Köche und bäuerliche
Direktvermarkter schließen sich zu Vereinen
und Initiativen zusammen, die sich der
Bewahrung fränkischer Küchentraditionen,
alter Haustierrassen oder heimischer Wildkräuter, Gemüse- und Obstsorten verschrieben haben.

Der Blick über den fränkischen Tellerrand
hinaus auf die Küchen dieser Welt und der
dabei gewonnene multikulturelle Aromen-

fundus ist dabei ebenso selbstverständlich und verleiht der Tradi-
tionsküche das ganz besondere
Tüpfelchen auf dem fränkischen i.
Denn Genuss kennt in Franken
keine Grenzen ...

Silke Martin

Wasserschloss Mespelbrunn

$\mathcal{T}$iefe und wildreiche Wälder, stille Bachläufe und historische Städte mit hoch über malerischen Altstadtkernen thronenden Burgen – der Spessart ist wahrlich eine märchenhafte Region. Schon vor Jahrhunderten diente diese idyllisch-romantische Landschaft Fürsten und Königen als bevorzugtes Jagdgebiet. Heute teilen Bayern und Hessen das größte zusammenhängende deutsche Waldgebiet (gemeinsam mit dem Odenwald) mit dem 585 m hohen Geiersberg als höchste Erhebung unter sich auf.

Aschaffenburg kam erst 1814 zu Bayern, seine beachtenswerten historischen Gebäude sind noch der Kurmainzischen Epoche zuzurechnen. Allen voran das prächtige rot leuchtende Schloss Johannisburg. Die Vierflügelanlage wurde 1605-1619 in der Spätrenaissance erbaut. Sehenswert sind die Kapelle, die Stiftsbibliothek, die Staatsgemäldesammlung und eine Reihe von üppig ausgestatteten Wohnräumen. Ein Spaziergang durch den Park führt zum griechisch inspirierten Pompejanum. Die Stiftskirche St. Peter und Alexander, eine romanisch-frühgotische Basilika, beherbergt wertvolle Kunstschätze, die Sandkirche beeindruckt ob ihrer Rokokopracht. Besonders reizend ist auch das Lustschlösschen im Park Schönborn, einem klassizistischen Landschaftsgarten im engl. Stil.

Zu einer Fahrt durch den Spessart gehört unbedingt ein Ausflug zu dem pittoresken Wasserschloss Mespelbrunn, das mit Rittersaal und Schlosskapelle, Gobelin- und Ahnensaal sowie dem Echterzimmer – der Vater des Würzburger Fürstbischofs Julius Echter ließ die einstige Wasserburg zum Schloss ausbauen – echte Spessartidylle in

herrlicher Natur repräsentiert (nur mit Führung zwischen März und November zu besichtigen). Die Rotweinstadt Klingenberg (Fränk. Rotweinwanderweg) verweist mit der 1177 erbauten Clingenburg auf seine mittelalterliche Geschichte. Die Ruine ist heute Schauplatz der alljährlichen Clingenburgfestspiele. Weitere Sehens-

würdigkeiten sind das um 1560 erbaute Stadtschloss im Renaissance-Stil und die gotische Pfarrkirche St. Pankratius. Miltenberg begeistert mit seiner Fachwerkarchitektur, besonders interessant sind der Marktplatz mit dem Renaissancebrunnen, die Amtskellerei (Heimatmuseum), eines der ältesten deutschen Gasthäuser ("Zum Riesen"), der Schnatterlochturm und das Alte Rathaus (1379). Die Mildenburg mit ihrem

schönen Treppengiebel thront erhaben über dem Städtchen und ihr Bergfried bietet einen tollen Ausblick über Miltenberg und das Mainviereck.
Von den Grafen von Wertheim im 12. und 13. Jh. an der Mündung der Tauber in den Main planmäßig angelegt, erhielt Wertheim 1306 Stadt- und Münzrecht und gelangte im Mittelalter zu Macht und Reichtum durch den Mainzoll, das Geleitrecht und eine blü-

Schlosshotel Weyberhöfe

hende Tuchindustrie. Die Burg ist seit dem 16. Jh. eine Ruine (heute Freilichtbühne), und die Grafen von Wertheim und Fürsten von Löwenstein-Wertheim haben ihre letzte Ruhe in der gotischen Stadtpfarrkirche gefunden. Einen Besuch lohnt das Grafschaftsmuseum im Alten Rathaus (1540). Auf der anderen Mainseite liegt das noch ältere Kreuzwertheim mit seinem Schloss von 1736.

Marktheidenfeld lädt zum Bummeln und Verweilen in den hübschen Gassen der Altstadt ein mit schönen barocken Bürgerhäusern wie dem leuchtend blauen Franck-Haus und der St.-Laurentius-Kirche aus dem 17. Jh., die Romanik, Renaissance und Barock in sich vereint.

Die Schneewittchenstadt Lohr a. Main beherbergt in seiner Stadtpfarrkirche St. Michael, einer romanischen Pfeilerbasilika, einen spätgotischen Chor, frühbarockes Chorgestühl und neugotische Altäre. Neben der sehenswerten Altstadt mit viel Fachwerk und prachtvollen Renaissanceportalen lohnen das Rathaus (1599-1602) und das Schloss (16. Jh.) mit Rittersaal und Fürstenzimmer einen Besuch. Hier ist auch das Spessartmuseum zu finden, das viel Wissenswertes über diese reizvolle Region im Westen Frankens erzählt.

SCHLOSSHOTEL WEYBERHÖFE

Schlosshotel Weyberhöfe

Vital Resort
63877 Sailauf

Telefon: 06093/940-0
Telefax: 06093/0940-100

Ein schönes Plätzchen hat sich der Mainzer Erzbischof von Eppstein erwählt, als er 1265 im fränkischen Sailauf ein Jagdschloss errichtete, in dem es sich standesgemäß nächtigen und fürstlich speisen ließ. Bis heute hat sich daran nicht viel geändert. Jedoch steht das 5-Sterne-Luxusresort, das seit 2003 von dem früheren Unternehmensberater Peter B. Lehnhardt souverän und mit einem klaren Blick für eine perfekt inszenierte Gastfreundschaft geführt wird, inzwischen jedem offen, der die außergewöhnlichen Zimmer im historischen Gewand, ein umfassendes Wellness-, Beauty- und Spa-Angebot sowie eine herausragende Gourmet-Küche – eingebettet in eine idyllische Parklandschaft – zu schätzen weiß. Großzügigkeit und Noblesse beherrschen die Räumlichkeiten des Anwesens, das seine Schloss-Atmosphäre sowohl in den behutsam umgebauten historischen wie auch in den neu hinzugekommenen Gebäudeteilen bewahrt hat. Das edel-rustikale Schlossrestaurant bietet eine gehoben fränkische Küche, die sich der leichten Variation saisonaler Spezialitäten verschreibt. Das Gourmet-Restaurant Carême offeriert in einem wirkungsvollen Schloss-Saal-Ambiente erlesene Menüs von mediterran-leichtem bis klassisch-französischem Gepräge. Hier wird das Speisen inmitten des von zwei Kronleuchtern, offenem Kamin sowie Kerzen illuminierten Interieurs zum kulinarischen Erlebnis der Extraklasse. Korrespondierend dazu hält der Sommelier, in der benachbarten Vinothek auch optisch

Gefüllte Wachteln auf Ruccolasalat

Zutaten

4 ganze Wachteln
100 g Putenfarce
80 g Sahne
1 Eiweiß
Salz, Pfeffer
1 TL Portwein
1 Bund Ruccola
50 g Pinienkerne
Parmesan

Zubereitung

Aus den Wachteln Brust mit Flügel-
knochen und Knochen der Keule aus-
lösen. Aus Putenfarce, Sahne, Eiweiß,
Salz, Pfeffer und Portwein eine Farce
herstellen. Ruccola klein schneiden.
Pinienkerne hacken und unter die
Farce heben. Die Keulen mit der
Masse füllen, in Alufolie einpacken
und 10 Min. pochieren. Die Wachtel-
brüste rosa anbraten und beides an
den Ruccolasalat anlegen.
Mit Sesamjus und gehobeltem
Parmesan garnieren.

zu bewundern, erlesenste Kreszenzen aus
aller Welt bereit.
Die rustikale Scheune und weitere stilvolle
Räumlichkeiten bieten genügend Platz für
rauschende Feste, kulturelle Events, Tagun-
gen und Seminare.
Des Nachts legt man sich in historisch adäquat inszenierten Zimmern und Suiten zur
Ruhe. Himmelbetten, Antiquitäten, Lüster,
warme Farben und stilgerechte Accessoires
bestimmen die Inneneinrichtung. Aber auch
moderne Designerzimmer mit klaren, zurückhaltend akzentuierten Details hält das
Schloss bereit.
Entspannung finden die Gäste im orientalisch gestalteten Vital-Resort, das mit
finnischer Sauna, Erlebnisduschen, Stein-
dampfbad, Wasserbett, Rasul, Hamam und
Wüstensand-Sonnenraum Körper und Seele
verwöhnt. Das Hallenbad ist in einem architektonisch eindrucksvollen Wintergarten
mit Blick auf den Park untergebracht.
Die Verwöhnprogramme im Beauty-Center
umfassen Massagen, Cleopatrabad und
Meeresalgentherapie, der Fitnessbereich
bietet zahlreiche Sportangebote.
In dieser Oase der Erholung und eines all-
umfassenden, perfekten Service fällt es mehr
als leicht, zu entspannen und einfach zu
genießen ...

SCHLOSSHOTEL ROTHENBUCH

Schlosshotel Rothenbuch GmbH

Schulstraße 1
63860 Rothenbuch

Telefon: 06094/944-0
Telefax: 06094/944-444

Ein wahrhaft fürstliches Haus hat der Kurmainzer Erzbischof Daniel Brendel von Homburg für seine Jagdgäste erbaut. Auch wenn der Luxus eines modernen 4-Sterne-Hotels inzwischen längst Einzug gehalten hat, ist noch viel royale Schlossatmosphäre in der vierflügeligen Anlage mit idyllischem Innenhof, Arkaden und zwei Treppentürmen allgegenwärtig. Nach seinem Rückzug aus dem Wirtschaftsleben hat sich Peter Lehnhardt mit Schloss Rothenbuch ein Kleinod fränkischer Gastlichkeit mit stilvollen historischen Zimmern und edel-rustikalen Gaststuben geschaffen.
1994 erwarb der Betriebswirt das einstige Wasserschloss, das 1567 in heutiger Form errichtet wurde (im früheren Schlossgraben entspringt die Quelle der Hafenlohr). Er

saniere es aufwändig und verwirklichte seinen Traum von einem außergewöhnlichen Schlosshotel. Dazu gehört auch eine anspruchsvolle Küche, dessen saisonal orientierte Speisenauswahl sowie reizvolle 3- bis 6-Gang-Menüs die Neugier auf die regional verwurzelte und variantenreiche Kochkunst des Hauses wecken.

Während das Schnupper-Menü mit Köstlichkeiten wie Mousse von der geräucherten Forelle, gefüllter Perlhuhnbrust mit Kartoffelstrudel und Sherryrahmsauce und Eissoufflé Grand Marnier sich eher der genussvollen Interpretation heimischer Gaben widmet, zeigt sich das Schlossmenü edel-mediterran mit Geflügellebermousse an Salatbouqet, Essenz vom Wild unter der Blätterteighaube und Timbal vom Zander mit Shrimps gefüllt.

Das Caipirinha-Sorbet verweist an das Lammfilet unter der Kräuterkruste auf Ratatouille und Kartoffelgnocchi, bevor gratinierte Crêpes mit Vanilleeis das lukullische Fest beenden.

Dazu werden zum Großteil heimische Bocksbeutel kredenzt, erschließen sie doch die fränkischen Gaumenfreuden am besten.

Mit viel Sorgfalt eingerichtet, bewahren auch die Zimmer, vom gemütlichen Einzel- bis zum romantischen Doppelzimmer und von der elegant-sakralen Hochzeitssuite – der einstigen Schlosskapelle – bis zur frühe-

ren Wachstube mit ihren vergitterten Fenstern detailgetreu und wirkungsvoll den Schlosscharakter. Das orientalische Badehaus bietet Sauna, Dampf- und Kräuter-Vital-Bad, Solarium sowie ein Naturtauchbecken in der Freiluftanlage.

Der historische Gewölbekeller ist der Schauplatz der zünftigen Ritteressen mit Gauklern, Musik und Zauberei, kurfürstlicher Tafeley, Maitressen-Geflüster und Räuber-Gelage sowie Märchen & Dinner, Oldie- und Smokers-Night.

Stilvolle Gastlichkeit, romantisches Verweilen in historischen Mauern und genussvolles Franken – all das erleben Sie im Schlosshotel Rothenbuch im Spessart-Zauberwald.

Forellenmousse

Zutaten

220 g geräucherte Forellenfilets
120 ml Weißwein-Butter-Soße
2 Blatt Gelatine
150 g geschlagene Sahne

Zubereitung

Forellenfilets in die warme Soße geben, aufmixen und durch ein Sieb streichen. Gelatine auflösen und unter die Fischmasse geben. Die geschlagene Sahne unterheben, kühl stellen, nach 2-3 Stunden Nocken abstechen und mit Salatblättern anrichten.

aufhin selbst die Kunst des Destillierens, erwarb das Brennrecht und eine Anlage und brannte fortan so erfolgreich, dass er zu einem der renommiertesten Destillateure Frankens aufstieg. Im Familienbetrieb packt

jeder mit an, um zu gewährleisten, dass nur die besten Früchte in der Maische landen, die dann schon mal bis zu 12 Monaten lagern muss, bevor sie in der Destille, mitunter sogar in einem Nachbau einer Anlage aus dem 16. Jh., gebrannt werden. Fachwissen, viel Intuition und große Experimentierfreudigkeit sind das Erfolgsgeheimnis seiner außergewöhnlich aromatischen Beeren-, Stein- und Kernobstwasser, Geiste und Liköre, die den Gaumen harmonisch-zart verwöhnen.

Seine Leidenschaft für das Besondere hat den Franken zu einem vielfach ausgezeichneten Brenn-Virtuosen werden lassen, je ausgefallener, desto besser. Da gibt es Traubenkirsch-, Eiben- und Feldzwetschgenwasser, Zimt-Apfel-, Mispel- und Weißdornbrand, Vanille-, Rhabarber-, Ebereschen- und sogar Apfelstrudellikör. Die Geiste reichen vom Knoblauch- und Spargelgeist über Steinpilz- und Zimtgeist bis hin zum Koriander-, Blaumohn- und Zitronengrasgeist.

Doch was sind Worte: Höchste Qualität und vollendeter Geschmack sprechen für sich, probieren Sie selbst!

Die Erfolgsgeschichte des Zimmermanns Arno Dirker begann im Jahr 1986, als er nach einer üppigen Zwetschgenernte die Früchte zu einem befreundeten Destillateur brachte. Voller Begeisterung erlernte er dar-

Edelbrennerei Dirker

Friedhofstraße 20
63776 Mömbris

Telefon: 06029/7711
Telefax: 06029/7744

Ruhetag: Mittwoch

Der Landgasthof Zur Rose in Mömbris-Strötzbach mitten im idyllischen Naturpark Bayerischer Spessart verbindet modernen Komfort mit der Tradition einer langen Gastronomiegeschichte, die in sechster Generation mit viel Engagement und familiärer Gastfreundschaft fortgeschrieben wird. Küchenchef Thomas Büdel bietet eine frische, zeitgemäße Küche, die Ehefrau Christine in den gemütlichen und liebevoll dekorierten Gasträumen aufmerksam und zuvorkommend serviert. Vom zarten Filetsteak auf Rotweinglacé über edles Lammkarree in Kräuterkruste auf Schafskäsesauce und dem Allgäuer Rahmtöpfchen mit Apfel-Käsespalten bis zu würzig-aromatischem Wild aus dem nahe gelegenen Jossgrund reicht das lukullische Angebot.

Das sympathische Ehepaar hält auch immer wieder ganz besondere Überraschungen für seine Gäste bereit, zum Beispiel Fischspezialitäten aus aller Welt, eine kulinarische Reise durch Spanien oder den beliebten alljährlichen fränkischen Abend, bei dem es zum edlen Menü mit den Spezialitäten dieser Region zünftige Live-Musik gibt.

Aus der einstigen Dorfwirtschaft ist eine Adresse für Feinschmecker jeden Alters

geworden, die deftige Spessartgerichte ebenso schätzen wie die ideenreiche Variation der regionalen Spezialitäten.

Die behaglichen Zimmer des Hauses geben dem Gast die Möglichkeit, das familiäre Wohlfühl-Ambiente des Landgasthofes noch ein wenig länger zu genießen.

Gasthof Zur Rose

Womburgstraße 12
63776 Mömbris-Strötzbach

Telefon: 06029/4034
Telefax: 06029/4196

Ruhetag: Montag

KAFFEE BRAUN

Kaffee und vor allem ein sechsmonatiger Aufenthalt in Guatemala veranlassten den bodenständigen und sympathischen Franken damals, mit viel Mut, Risikobereitschaft und einer kleinen 12-Kilo-Röstmaschine, die noch heute im Verkaufs-Shop steht und für kleine, hochwertige Röstungen genutzt wird, den Sprung ins Röstereigewerbe zu wagen. Aller Anfang ist schwer, doch recht schnell baute sich die einzige Rösterei am Untermain einen festen Kundenstamm an Privatkunden, gehobener und Großgastronomie, Bäckereien und Feinkostgeschäften auf. Die Beziehungen zu den Menschen vor Ort haben sich nach 16 Jahren und vielen Besuchen eingespielt, reger Erfahrungsaustausch und ein offenes Ohr für die Probleme der meist sehr armen Plantagenarbeiter haben Rainer Braun und seinen Partner Alfred Brauch dazu bewogen, gleichberechtigte Partnerschaften zu initiieren, gemeinsame Voraussetzungen zu schaffen und durch einen fairen Preis die Lebensbedingungen in Ländern wie Tansania, Indien oder Kuba zu verbessern.

Doch eine tiefe Überzeugung allein reicht nicht aus, um einen guten Kaffee zu rösten. Zwar ist es wichtig, dass jeder Mitarbeiter des engagierten Teams dieselbe Leidenschaft für hochwertigen, aromenreichen Kaffee empfindet, doch die Qualität der Bohnen und das Röstverfahren selbst sind die entscheidenden Kriterien.

Gleichmäßig und homogen soll die Bohne sein. Alles, was dem Ideal nicht entspricht, unreife Bohnen oder sogar Schädlinge in der Ladung sind hier fehl am Platze. Mehrmals werden die Bohnen daher untersucht, zunächst das sog. Verschiffungsmuster, dann im Zwischenlager in den Häfen Hamburg, Bremen oder Rotterdam und zuletzt noch einmal hier vor Ort. Erst wenn alle Proben die gleich hohe Qualität aufweisen, wird geröstet.

Stolz präsentiert Rainer Braun die Hightech-Röstmaschinen mit patentierter italienischer Langzeit-Rösttechnik. Hierzulande trinkt man zwar gern Kaffee, aber häufig werden nur billige, zu stark und schnell

„Kaffee ist mehr als ein Getränk – es ist Hochgenuss!", meint Rainer Braun, einer der beiden Geschäftsführer von Kaffee Braun, der – keinesfalls aus einer Kaffeedynastie stammend – die Rösterei 1986 gründete und seit 2001 im Gewerbegebiet Trauenloh in Mainaschaff (gut ausgeschildert) hochwertige Kaffeebohnen zu Kaffee von herausragender Qualität verarbeitet. Ein intuitives Gefühl, eine himmlische Eingebung vielleicht, große Begeisterung für

Kaffee Braun GmbH

Im Trauenloh 1
63814 Mainaschaff

Telefon: 06021/24778
Telefax: 06021/24775

geröstete Kaffees gekauft, die auf sensible Geschmacksnerven fast schon sauer wirken können.

So kaufen Rainer Braun und Alfred Brauch nur besonders hochwertige Rohware und rösten dann so schonend wie möglich, d. h. langsam und niedrig temperiert. Die Bohnen durchlaufen zwei Stufen der Heißluftröstung, werden in einem Zwischenschritt abgekühlt und dadurch homogen durchgeröstet. Diese plötzliche Ruhephase mitten im Röstbetrieb ist ebenso ungewöhnlich wie wirkungsvoll. So verzögert sich die Röstung bis zu 20 Minuten (in Großröstereien werden die Bohnen oft nur etwa 2 Minuten geröstet!) – , der Kaffee schmeckt milder, ist ob seines wesentlich geringeren Säure- und Koffeingehalts auch weitaus bekömmlicher und weist ein unvergleichliches Aroma auf.

Überzeugen Sie sich bei einem Besuch in Mainaschaff selbst von dem besonderen Hochgenuss der Braun'schen Kaffees. Im Verkaufsladen können Sie gleich eine Tasse Kaffee genießen und die große Auswahl bestaunen. Die Produktpalette umfasst erlesene Spezialitäten und Hausmischungen, aromatisierte Kaffees wie Oriental oder Vanilla Hazelnut, und vor allem auch die fair gehandelte Ware unter dem Label TransFair e.V.

ZUM ALTEN RENTAMT

Zum Alten Rentamt

Hauptstraße 22
63911 Klingenberg

Telefon: 09372/134757
Telefax: 09372/2977

Ruhetage: Montag, Dienstag

Ganz ohne Zweifel gehört Ingo Holland zu den ganz Großen der deutschen Gourmet-Szene. Im Alten Rentamt in der Altstadt von Klingenberg bietet er perfekt komponierte Werke voll extravaganter Leichtigkeit, fulminante Geschmacksfeuerwerke von meisterhaftem Aromen-Spiel. Die Speisenauswahl liest sich wie ein lukullisches Libretto, die Atmosphäre ist leger und fern von steifer Etikette. Ingo und Susanne Holland empfangen ihre Gäste in einem lichtdurchfluteten Ambiente, das die Historie der einstigen mainzischen Amtskellerei behutsam und zeitgemäß auffängt. Im historischen Gewölbe, dem Ratskeller oder auf der hübschen Terrasse vor dem Haus umsorgen sie jeden Gast mit viel Herzlichkeit und deutlich spürbarer Leidenschaft für ihren Beruf.

Obwohl längst mit dem begehrten Stern geadelt, geht es dem außergewöhnlichen Kochkünstler jedoch am wenigsten um Kritikerehren. Das Ungewöhnliche fasziniert ihn und fordert ihn zu stets neuen aufsehen-

KLINGENBERG

Rehbockmedaillon mit karamellisiertem Knoblauch, Bohnenstreifen und Lavendeljus

Zutaten

12 Rehrückenmedaillons à 40 g
Salz, Pfeffer
Fett, 30 g Butter
20 Knoblauchzehen
1/8 l Milch
150 g Zucker
0,1 l Balsamico, weiß
0,5 l Rehfond
je 1/8 l Portwein u. Rotwein
6 Lavendelzweige m. Blüte
Rotweinstärke
300 g breite grüne Bohnen
1 Bohnenkrautzweig
1 EL Schalotten, gehackt
0,1 l Fleischbrühe, 30 g Butter
Balsamico

Zubereitung

Medaillons salzen, pfeffern, in nicht zu heißem Fett rundum anbraten, ruhen lassen. Bohnen von Fäden befreien, in Salzwasser blanchieren, in Eiswasser abschrecken.
Rot- u. Portwein bis auf kl. Rest einreduzieren, Rehfond zugeben, nochmals um 50 % reduzieren. Lavendel darin ziehen lassen. Knoblauch 2x in Salzwasser aufkochen, abschütten, in Milch aufkochen u. mit kaltem Wasser abspülen. Zucker karamellisieren, mit weißem Balsamico ablöschen. Wenn sich die Karamellstücke aufgelöst haben, Knoblauch ca. 10 Min. langsam darin schmoren.
Bohnen in Brühe mit Butter, Schalotten, Bohnenkraut glacieren. Medaillons in Butter rosa braten. Jus mit Stärke abbinden, mit Balsamessig u. Salz abschmecken, passieren. Gemeinsam anrichten, getrocknete Lavendelblüten darüber streuen.

erregenden Gourmandisen heraus. Fränkisch-regional, französisch, mediterran oder orientalisch – die 3- bis 6-gängigen Menüs und das erlesene À-la-carte-Angebot verstehen sich als multikulturelle Reise durch die Welt.

Die Tellersülze vom fränk. Spargel inszeniert sich mit Thaispargel im Kartoffelhaar, Kalbsbriesmedaillon und Trüffelschaum, die Ziegenkäseravioli betten sich auf Rosenblütengelee und Briocheschmelze. Der fränk. Flusskrebs vereint sich mit glacierter Charentaismelone in Estragon und Sonnenblumen-Lavendelkrokant und das Charolais-Entrecote lugt unter der Kräuter-Markkruste hervor und schmiegt sich an Kartoffel-Bärlauch-Strudel und Rotweinschalotten. Banane in Thaicurry und Rosenwasser geschmort mit Cardamomeis und Teekrokantblatt oder heiß fließender Schokoladenkuchen mit Piment de Espelette und gesalzenem Cara-

melleis schließen die kulinarische Arie würdig ab.

Auf der Weinkarte sind erlesene Positionen von Franken, der Mosel, Pfalz und Baden bis zu Rheingau und -hessen zu finden, im Rotweinbereich lassen sich Franzosen, Spanier und Portugiesen entdecken.

Bei den bekannten Clingenburgfestspielen umrahmt ein Festspielmenü die Aufführung kulinarisch. Und als „Trias" vereinen die Hollands mit herausragenden Winzern der Region ein exquisites 8-Gang-Menü mit anspruchsvollen fränkischen Kreszenzen. Häufig ist Ingo Holland auch im Alten Würzamt gegenüber zu finden, wo er bekannte wie seltene Gewürze von Moschuskörnern, Myrte und Curryblättern bis zu 15 Pfeffersorten und vor allem eigene Gewürzmischungen mit bis zu 30 Ingredienzien offeriert, denn für ihn sind Gewürze vor allem „mystische, göttliche Gaben".

ZIEGLER FREUDENBERG

Gebr. Josef & Matthäus
Ziegler GmbH
Edelobstbrennerei

Hauptstraße 26
97896 Freudenberg/Baden

Telefon: 09375/9288-0
Telefax: 09375/9288-11

Ruhetag „Der Laden": Sonntag

Herstellung auf viel Sorgfalt und Handarbeit, der bestmöglichen Qualität aller Grundprodukte und hoch technisierten und zugleich traditionellen Verfahren beruht. Das Obst aus dem kontrollierten Vertragsanbau wird erst geerntet, wenn es reif und voller Geschmack steckt, alle Vertragsbauern stehen in regem Austausch mit dem Unternehmen Ziegler. Zum Zweiten suchen so genannte „Zapfenpflücker" geheime Plätze auf und klettern z. T. in schwindelerregende Höhen, um die besten und aromatischsten Wildfrüchte zu erhaschen, die eine wesentliche Rolle in der Produktpalette einnehmen. Wildkirschen, Zwetschgen, Quitten, Trester, Schlehen und Schwarze Johannisbeeren kommen aus Franken, Holunder aus dem Rheingau, Sauerkirschen aus Schwaben. Die süße Williams Christbirne stammt aus dem Wallis und der Steiermark, die Mirabellen aus Lothringen und die Himbeeren kommen vom Plattensee. Vogelbeeren reisen aus Schweden und Marillen aus der Wachau an. Zunächst wird jede eingehende Ladung streng auf Reifegrad und einwandfreien sanitären Zustand kontrolliert, dann wird

„Die Essenz der Früchte" steht im Mittelpunkt der außergewöhnlichen Edelbrände der Firma Ziegler in Freudenberg am Main. Seit 1865 – damals noch als Brauerei und Brennerei von den Gebrüdern Josef und Matthäus Ziegler gegründet – werden hier hochwertige und geschmacksintensive Brände hergestellt, die aus der Gourmet-Landschaft nicht mehr wegzudenken sind. Das eingespielte Team um Alain Langlois und Brennmeister Jürgen Marré bürgt mit einer wahren Passion und langjähriger Erfahrung für die „hochgeistigen" Kostbarkeiten, deren das Obst von Hand sortiert, von Blättern, Stielen und Ästen befreit und entsteint bzw. entkernt.

Anschließend erfolgt eine 24 Stunden andauernde Gärung im Edelstahltank bei exakt 18° C. Nun folgt für Brennmeister Jürgen Marré der wichtigste Arbeitsschritt, der seiner erprobten sensitiven Nase bedarf: die Destillation. Die Maische wird schonend bis zum Rohbrand erhitzt, aus dem wiederum der Feinbrand entsteht. Und nun kommt es darauf an, dessen Herzstück zu erkennen, denn in ihm steckt der wahre Hochgenuss, die volle Frucht, das vollendete Aroma. Der „schlechte" Alkohol muss eliminiert und der „gute" bewahrt werden. Neben der Nase des Brennmeisters sind dabei auch regelmäßige Kontrollen durch unabhängige Chemiker selbstverständlich.

Zum krönenden Abschluss erfolgt die „Hochzeit": Quellwasser aus der hauseigenen Quelle versetzt den 73%igen Brand auf eine Trinkstärke von 43 %: Ein neuer Edelbrand ist geboren.

Nach einer Ruhezeit lagern die Brände nun je nach ihren individuellen Bedürfnissen,

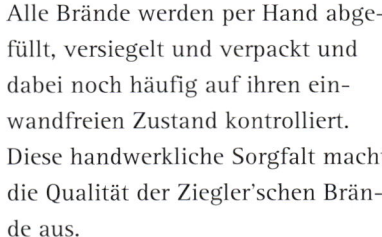

mindestens 3 bis 5 Jahre, in Edelstahltanks, Glasballons und die so genannten „Zigarrenbrände" in Eichen- oder Kastanienfässern (besonders sehenswert: der alte Gewölbekeller mit seinen kostbaren Raritäten!).

Alle Brände werden per Hand abgefüllt, versiegelt und verpackt und dabei noch häufig auf ihren einwandfreien Zustand kontrolliert. Diese handwerkliche Sorgfalt macht die Qualität der Ziegler'schen Brände aus.

Der Weg nach Freudenberg lohnt auch wegen des im Juni 2003 eröffneten Ladens mit Blick auf die kupfernen Destillierkessel und dem feinen Odeur hochwertiger Brände. Sämtliche Brände, Geiste und Liköre, die Mini-Sortimente in der 0,05-l-Größe sowie aromatische Fruchtessige kann man hier erwerben. Als „Genuss & Design" vereinen sich ausgefallene Raritäten und wertvolle Flaschen. Und mit eigens für Ziegler designten Ritzenhoff-Gläsern erhalten die exquisiten Edelbrände aus dem Hause Ziegler die adäquate Umhüllung für den kulinarischen Hochgenuss der Extraklasse.

Das 4-Gang-Menü und die betont saisonal ausgerichtete Speisenauswahl bieten auf anspruchsvollem Niveau die kreative Variation regionaler Produkte. Tatkräftig unterstützt von ihren Eltern und einem engagierten Team kredenzt Petra Kerscher mit viel Charme ihren Gästen – bei gutem Wetter auch im Garten oder dem sonnigen Innenhof des vierflügeligen Bürgerhauses und bei Feierlichkeiten im historischen Weinkeller von

1620 – von der Kartoffel- bis zur Hummersuppe und von Tafelspitz im Gemüsesud oder gebackenem Kalbskopf bis zur Süpreme von Fasanenbrust oder Kalbsleber

an zweierlei Gemüsepüree traditionsreiche Gerichte im zeitgemäßen Gewand. Besonders für kreative Fischvariationen, wie Lachs-Zander-Carpaccio, gratinierte Edelfische mit Hummer im Pfännchen serviert und gebratener Zander auf Wirsingcrème, ist die Franck-Stube eine bekannte Adresse. Passend dazu sind es vor allem Frankenweine renommierter Weingüter, die Petra Kerscher ihren Gästen zur Abrundung der kulinarischen Erlebnisse empfiehlt.

Restaurant Franck-Stube

Untertorstraße 6
97828 Marktheidenfeld

Telefon: 09391/81813
Telefax: 09391/81773

Ruhetage: Montag, Dienstag

Es ist nicht nur die leuchtend blaue Fassade des barocken Franck-Hauses, 1745 im Herzen Marktheidenfelds erbaut, die schon von weitem ebenso anziehend wie einladend wirkt.
Unter der Leitung der engagierten Gastronomin Petra Kerscher etablierte sich die Franck-Stube als ideale Ergänzung zum kulturellen Angebot des Hauses. Im lichtdurchfluteten zeitgemäßen Ambiente genießt der Gast eine frische, abwechslungsreiche Küche.

FRANKENS WEINE – GAUMENFREUDEN IM BOCKSBEUTEL

Franken ist Weinland. Die idyllischen Rebhänge des Fränkischen Weinlandes, des Taubertals und Steigerwalds bringen hochwertige Weine hervor, die Franken in der ganzen Welt bekannt gemacht haben. Und der flache, bauchige Bocksbeutel, der nachweislich seit 1726 hier verwendet wird, ist zum Synonym für diese großartigen Weine und die über 1200-jährige fränkische Wein-

Doch auch die Roten, Spätburgunder, Domina, Schwarzriesling und Portugieser sowie der Tauberschwarz aus dem Lieblichen Taubertal, erobern sich allmählich ihren Platz in der internationalen Weinwelt
Unter den über 7000 Weinbaubetrieben finden sich viele ambitionierte Winzer mit großen Ideen, viel Know-how und engagiertem Gespür für eine schonende, ausgefeilte

Vinifikation. Am besten lernen Sie das schöne „Weinfranken" bei einem der geselligen Weinfeste oder bei einer Fahrt entlang der Bocksbeutelstraße kennen, die Sie zu vielen idyllischen Fleckchen zwischen Main und Tauber führt.

bau-Tradition geworden. Das Klima kommt den Trauben mit viel Wärme und trockenen Sommern entgegen, die Böden – Muschelkalk, Keuper und Bundsandstein – und die vielen Steillagen bringen charaktervolle und sortentypische Geschmacksvielfalt mit sich. Mit etwa 85 % der über 7000 ha großen Rebfläche beherrschen Weißweine das Angebot, allen voran Müller-Thurgau, Silvaner und Riesling, aber auch Kerner, Bacchus, Rieslaner, Ortega und Scheurebe. Sie werden mal jung und frisch, mal klassisch ausgebaut, nicht zu vergessen die edelsüßen Raritäten, die in den Schatzkammern der Weingüter ruhen und reifen.

29

GASTHOF GOLDENES LAMM

Kreativität geprägt ist. Der eigene Garten liefert würzige Kräuter, heimisches Gemüse und Beerenobst. Fleisch, Geflügel und Fisch stammen zum Großteil aus der nahen Umgebung. Die Region Main-Spessart schreibt hier den Küchenzettel und liefert die Produkte, die sich dann in kreativen Gerichten wiederfinden, die ihre Heimat nicht verleugnen, sondern authentisch spiegeln.

Die saisonal konzipierte Karte hält ein 3- und ein 5-Gang-Menü bereit, die Spezialitäten der jeweiligen Jahreszeit ergänzen das Angebot um heimische Leckereien wie Spargel, Pfifferlinge, Fisch oder Gans. Wenn die Jäger ihm frisches Wild anbieten, nimmt Michael Hüsam die Tiere gleich im Ganzen ab und verarbeitet sie zu einfallsreichen Gerichten. Oft sitzen Mutter und Sohn beisammen und überlegen sich neue Variationen der heimischen Produkte, dabei entstehen kulinarische Highlights wie Apfel-Basilikum-Parfait, Schwarzwurzel-chips oder Wildkräutermaultaschen mit Pinienkernen.

Seine Kochkunst verfeinerte Michael Hüsam, nachdem er seine Ausbildung als Bester der Küchenmeisterklasse abschloss, in so hoch dekorierten Häusern wie dem Colombi in Freiburg, bevor er in das elterliche Haus zurückkehrte und in 13. Generation die Gastronomiegeschichte des Goldenen Lamms fortschrieb.

Gasthof Goldenes Lamm

Untertor 13
97834 Birkenfeld-Billingshausen

Telefon: 09398/352
Telefax: 09398/514

Ruhetage: Montag, Dienstag

Zugegeben, ein wenig abseits liegt er schon, der Gasthof Goldenes Lamm. Doch die Fahrt durch die idyllische Landschaft des Bayerischen Spessarts ist bereits reizvoller Teil der kulinarischen Entdeckungsreise, die im Dörfchen Billingshausen ihr lohnendes Ziel findet. Seit 250 Jahren ist der stolze Steinbau mit dem goldenen Lamm über der Freitreppe schon eine gastronomische Institution. Aus der einstigen Dorfwirtschaft ist ein anspruchsvolles Restaurant geworden, in dem noch immer jeder Gast herzlich willkommen ist – ob er nun am Stammtisch Platz nimmt oder als Feinschmecker anreist –, getreu dem Motto: Alte Werte – Junge Ideen. Die beiden Küchenmeister Michael und Mutter Elsbeth Hüsam bieten eine abwechslungsreiche und neuzeitliche fränkische Küche, die von Frische, Qualität und

Frischer Spargel zu Wildkräutermaultaschen mit Pinienkernfüllung

Für 8 Personen

Zutaten

1 kg frischer Spargel
50 g Butter
80 g Salz
100 g Zucker
200 g Dunst (doppelgriffiges Mehl)
2 Eier
1/2 Zwiebel, gewürfelt
1/2 Knoblauchzehe
Olivenöl
1 Bund Schnittlauch
2 EL gehackte Petersilie
20 g Basilikum
150 g Semmelbrösel
50 g Pinienkerne
100 g Pecorino, gerieben
Salz, Pfeffer, Zitronensaft
Wildkräuter wie z. B. Sauerampfer, Oregano, Bärlauch

Im August wird die Küche anlässlich des beliebten Hoffestes nach draußen verlegt. Dann gibt es neben fränkischen Spezialitäten auch so exotische Leckereien wie Blauhai oder Schwertfisch, und Live-Musik begleitet das lukullische Fest. Zwei- bis dreimal im Jahr bieten die Hüsams Wanderungen in die Umgebung an, die mit einem Menü am Abend ihren kulinarischen Höhepunkt erreichen, sowie anspruchsvolle Kochkurse mit Gourmet-Menüs zum gemeinsamen Kochen und Genießen.

Zubereitung

Aus Dunst und Eiern einen Nudelteig herstellen, 1 Std. bei Zimmertemperatur ruhen lassen. Pinienkerne in einer Pfanne goldgelb anrösten. Zwiebel in Olivenöl angehen lassen, Knoblauch zufügen und mitschwitzen. Restliche Zutaten mischen, mit Salz, Pfeffer, Zitronensaft abschmecken. Nudelteig dünn ausrollen, Füllung mit einem Spritzsack ca. alle 3 cm auf den Teig aufspritzen. Maultaschen zusammenklappen, am Rand etwas andrücken, in Salzwasser al dente kochen. Spargel schälen, in einem Topf mit Salz, Zucker und Butter gar kochen. Maultaschen in einer Pfanne mit Butter kurz anschwenken. Zum Abschluss gehackte Wildkräuter darüber geben und mit dem Spargel servieren.

FLAIR HOTEL GUT DÜRNHOF

hof der Grafen von Rieneck 1356 erstmals erwähnt, befindet sich bereits seit 1932 im Besitz der Familie Münch.

Seit 1999 führen Kerstin und Christoph Münch den Betrieb mit engagierter Begeisterung. Das herzliche Gastronomenpaar versteht es, komfortables Wohnen, anspruchsvolles Speisen und eine natürliche Gastlichkeit harmonisch miteinander zu verbinden. Auch als Tagungshotel hat sich das Haus einen ausgezeichneten Ruf erworben. Das vom „Feinschmecker" seit 3 Jahren als eine der besten Küchen des Landes gelobte Haus offeriert neben dem kreativen À-la-carte-Angebot auch ein täglich wechselndes 4-Gang-Menü, das im Hauptgang die Wahl zwischen Fisch, Fleisch und einem vegetarischen Gericht lässt. Beliebt ist auch der sonntägliche Brunch, der, saisonal orientiert, vom frischen Frühlings- über einen leichten Sommerbrunch und vom herbstlichen Wild- bis zum Erntedank-, Advents- und Weihnachtsbrunch viele kulinarische Glanzlichter setzt. Gekocht wird mit Produkten aus dem eigenen biologischen Anbau, und auch die Bauern der Umgebung liefern die Grundprodukte für die gehobene, regionale Gutshof-Küche. Diese werden mal fränkisch, mal mediterran weiterverarbeitet. So findet sich der Spiegelkarpfen in Meerrettichpanade neben der Dorade vom Grill auf Tomaten-Oliven-Bett, der fränkische Zwiebelrostbra-

Flair Hotel Gut Dürnhof

Burgsinner Straße 3
97794 Rieneck

Telefon: 09354/1001
Telefax: 09354/1512

Eine Oase der Ruhe und unverfälschte idyllische Landschaft umgeben das Landhotel Gut Dürnhof im Bayerischen Spessart. Das mitten in einem großen Naturpark gelegene Anwesen mit eigenem See, als Königsgut und Erblehens-

RIENECK

Spessartforelle nach Müllerin Art

Zutaten

4 fangfrische Regenbogen- oder
Bachforellen à 450 g
Mehl
Öl oder Pflanzenfett
1–2 Zitronen
Mandelblättchen
Butter

Zubereitung

ten neben dem Lachsfilet mit Kurkumasauce und die fangfrische Spessartforelle in Mandelbutter neben feinen Hühnerbrüstchen in Weißweinsauce.

Dazu harmonieren die kredenzten fränkischen Bocksbeutel ebenso gut wie die Weine der großen „Global Winemakers".

Man tut gut daran, gleich ein paar Tage auf Gut Dürnhof zu verweilen. Das Flair Hotel ist ein gelungenes Beispiel für ein durchdachtes naturbetontes Konzept, das den Gast mit allem Komfort verwöhnt, aber sich ein hohes Maß an Naturverständnis bewahrt hat. In den Seezimmern wurden ausschließ-

lich Naturhölzer verarbeitet, sie sind Allergiker-geeignet und können nachts stromfrei geschaltet werden.

Zum Entspannen laden das Schwimmbad sowie die Finnische Bio-Sauna ein. Das Gestüt des Gutes bietet Kutschfahrten, Ausritte und Ponyreiten für Groß und Klein.

Tipp: Wandern Sie doch während Ihres Besuches einmal durch den Spessart zur Waldschänke Bayrische Schanz, die ebenfalls von Familie Münch bewirtet wird und eine rustikale fränkische Küche mit deftigen Spessart-Schmankerln bietet!

Forellen ausnehmen (von Innereien befreien), trockentupfen und in Mehl wenden. In einer vorgeheizten Pfanne in Öl oder Pflanzenfett für ca. 10 Minuten bei mittlerer Hitze braten. Nach 5 Minuten wenden.

Tipp: Bei fangfrischen Forellen reißt der Rücken beim Braten auf. Wenn das Fleisch sich an dieser Stelle leicht von den Gräten entfernen lässt, ist der Garpunkt erreicht.

Zitronen schälen und jeweils 3 Scheiben und einige Mandelblättchen auf jede Forelle verteilen und diese mit heißer Butter übergießen.

Als Beilage empfiehlt die Gutshof-Küche neue Kartoffeln und gartenfrische Blattsalate.

WÜRZBURG – RESIDENZSTADT MIT FLAIR UND KULTUR

Dom und Neumünster

Den schönsten Blick über die Metropole Unterfrankens, die im Jahr 2004 ihren 1300. Geburtstag feiert, bietet der Marienberg. Hier erbauten die Kelten bereits 1000 v. Chr. eine Fliehburg. 706 wurde die Marienkirche geweiht, um die ab 1200 die trutzige Festung Marienberg erwuchs, welche bis 1719 als fürstbischöfliche Residenz diente und immer wieder neue Impulse im Stil der Renaissance und des Barock erhielt. Neben der Marienkirche sind das Scherenbergtor, der Renaissance-Brunnentempel mit seinem 104 m tiefen Brunnen und Balthasar Neumanns Maschikuliturm sehenswert. Die Feste birgt zudem das Mainfränkische Museum (u. a. größte Riemenschneider-Sammlung der Welt) und das Fürstenbau-Museum (Stadtgeschichte, kirchl. Schatzkammer, fürstbischöfl. Wohnräume).

Auf dem Nikolausberg gegenüber thront das Käppele ebenso malerisch über der Stadt. Zunächst als Gnadenkapelle erbaut, erweiterte Balthasar Neumann die Kirche 1748-52 aufwändig mit der ihm eigenen Genialität in barocker Üppigkeit.

Die Alte Mainbrücke mit ihren imposanten Heiligenfiguren führt ins Stadtzentrum rechts des Mains. Die fürstbischöfliche Residenz (UNESCO-Weltkulturgut) von 1720-44 gilt als eines der bedeutendsten Schlösser Europas und Meisterwerk des süddeutschen

viertgrößte romanische Kirche Deutschlands, 1040 begonnen, bis 1704 stetig ausgebaut und somit stattlicher Repräsentant für Romanik, Gotik, Renaissance und Barock. So

Museen der Stadt seien hier nur einige exemplarisch angeführt. Ganz neu sind das Museum im Kulturspeicher, einem ehemaligen Getreidespeicher

Blick auf die Feste Marienberg

Fürstbischöfliche Residenz

Barock. Aufsehenerregendes Highlight ist das von Tiepolo geschaffene Treppenhaus mit freitragendem Gewölbe, einem der größten Gemälde der Welt; weitere Sehenswürdigkeiten sind Kaiser- und Weißer Saal, das Spiegelkabinett, die prächtige Hofkirche sowie der barocke Hofgarten.
Würzburg war jahrhundertelang das machtvolle geistliche Zentrum der Region, was zu einer Fülle von bedeutenden Sakralbauten führte. Allen voran der Dom St. Kilian, die

mancher Kirchenfürst hat hier seine letzte Ruhe gefunden, Tilman Riemenschneider, 1520/21 selbst Bürgermeister der Stadt, schuf das Grabmal für Fürstbischof von Scherenberg, und die Fürstbischöfe zu Schönborn haben sich die eigens angebaute Schönbornkapelle als Grablege erkoren und von Balthasar Neumann ausgestalten lassen. Im durch eine Kuppel und aufwändige Fassade barock erweiterten Neumünster (Madonna von Riemenschneider) hat man Walther von der Vogelweide im Kreuzgarten des Lusamgärtleins ein Grabdenkmal gesetzt. Neben dem schönen Falkenhaus am Markt mit reich verzierter Rokokofassade ragt die spätgotische Marienkapelle (1377-1480) gen Himmel. Die Hallenkirche beinhaltet neben den Grablegen vieler bekannter Würzburger Bürger auch jene des großen Barockbaumeisters Balthasar Neumann. Das Kirchenportal wird von Tilman Riemenschneiders Sandsteinfiguren Adam und Eva flankiert (Originale im Mainfränk. Museum).
Unter den zahlreichen hoch interessanten

am Main, mit Konkreter europäischer Kunst vom 19. bis 21. Jh., und das Museum am Dom mit Arbeiten der Moderne und Gegenwart von zeitgenössischen internationalen Künstlern und „Traditionellem" von Romanik bis Barock, vereint unter der Thematik christlich orientierter Kunst. Kostbares aus zehn Jahrhunderten zeigt der Würzburger Domschatz mit Grabbeigaben, liturg. Gewändern und Goldschmiedearbeiten.
Kunst, Kultur und Köstlichkeiten aus Würzburgs Küchen und Kellern verbinden u. a. die Kulturtage im Juliusspital, die Italienische Nacht in der Residenz, die Barockfeste und die Residenznacht, das Würzburger Mozartfest sowie die Würzburger Bachtage. Nicht zu vergessen natürlich die vielen Weinfeste, z. B. das Hofschoppenfest im Bürgerspital, in dessen wunderschönem Holzfasskeller der „älteste trinkbare Wein der Welt" lagert.

WEINGUT & WEINSTUBEN JULIUSSPITAL

Weingut Juliusspital Würzburg

Klinikstraße 1
97070 Würzburg

Telefon: 0931/393-1400
Telefax: 0931/393-1414

Das Juliusspital, 1576 von Fürstbischof Julius Echter als Armenspital erbaut, gehört zu den interessantesten Kulturdenkmälern in Würzburg. Die schlossähnliche Anlage im Herzen der Residenzstadt ist eine der schönsten Barockanlagen Frankens. Sie beherbergt ein Krankenhaus, ein Altenheim sowie eines der renommiertesten Weingüter Frankens: Das Weingut Juliusspital, das mit 168 ha Rebfläche zu den größten Weingütern Europas zählt.

Hochwertige, mehrfach preisgekrönte Tropfen mit internationalem Renommee lagern im über 400 Jahre alten Fasskeller, der ob seiner kostbaren geschnitzten Holzfässer eine Attraktion für sich ist. Die Maxime lautet seit Jahrhunderten: Güte vor Menge. Auf Gipskeuper-, Muschelkalk- oder Buntsandsteinböden wachsen stoffige, charaktervolle, elegant-fruchtige Weiß- sowie vollmundige, dunkle Rotweine. Nur Trauben von bester Qualität treten den Weg vom weitgehend naturnah kultivierten Weinberg in den Keller an und werden dann durch eine schonende Vinifikation von hoch qualifizierten Winzer- und Kellermeistern mit viel Erfahrung und Know-how verarbeitet. Alle klassischen Franken vom Silvaner über Riesling und Müller-Thurgau bis zu Spätburgunder und Domina, aber auch Muskateller und Traminer finden sich im Angebot. Der edle Rebensaft reift je nach seinen individuellen Bedürfnissen sowohl im Edelstahl- als auch im Eichenholzfass und entwickelt dabei sei-

Wein dabei eine große Rolle. Der altfränkische Winzerbraten wird mit Weinsauerkraut gefüllt, der fränkische Mistkratzer (Hähnchenbrust) von Silvanergemüsenudeln mit gerösteten Pinienkernen begleitet, und der Wildschweinbraten bettet sich in Rotweinrahmsauce. Neben den Klassikern wie Hasenpfeffer, Meerfischle mit Kartoffelsalat, Waller aus dem Wurzelsud, Blaue Zipfel und Bauernseufzer (geräucherte Bratwürste) ist das Haus besonders für kreative Fisch- und Wildgerichte bekannt. Ob Karpfenschinken auf Dillsahnesauce, Mainknusper: Gebackenes von Aal, Forelle und Zander, Forellenfilet in Weinteig gebacken oder Aal blau, frische Hirschleber mit Apfelscheiben, Fränkischer Wildererteller oder Wildhasenrückenfilet mit Backpflaumen-Pfefferrahmsoße – im Juliusspital kann man Würzburg von seiner kulinarischen Seite erleben!

Weinstuben Juliusspital Würzburg

Juliuspromenade 19
97070 Würzburg

Telefon: 0931/54080
Telefax: 0931/571723

nen charakteristischen Geschmack, dabei sind die Lagenweine geprägt vom Terroir, Gutsweine und Burgunder präsentieren sich im internationalen Stil.

Die etwa 80 Lagen, wie Würzburger Stein, Eschendorfer Lump oder Iphöfer Julius Echter Berg, bringen bedeutende Weine mit langer Lebensdauer hervor. Die Lagenweine machen den Großteil des Sortiments aus, ergänzt von leichten, fruchtig-harmonischen Gutsweinen für den täglichen Genuss und herausragenden Spitzenweinen, allen voran die „Großen Gewächse", trockene Spätlesen von einzigartiger Güte, die das Juliusspital weltbekannt gemacht haben.

Als passendes Pendant zu den edlen Kreszenzen offerieren die Weinstuben Juliusspital unter der Leitung von Frank und Edith Kulinna raffinierte Variationen traditionsreicher Gerichte in den historischen Gaststuben Echter-Stube, Frankenzimmer und Iphöfer Kammer sowie dem idyllisch-mediterranen Weinstubenhof. Hier werden alle Weine des Weingutes kredenzt, die Offenen werden via Pipeline direkt aus dem Keller ins Glas geholt – optimal temperiert, frisch und ohne Geschmacksverlust. Sogar edelsüße Weine können im 0,1-l-Glas genossen werden! Bereits um 10 Uhr öffnet die Weinstube ihre Pforten. Würzburger, Touristen, Geschäftsleute und Studenten genießen gemeinsam die abwechslungsreiche fränkisch-feine Saisonküche, welche die Gaben dieser Region aromenreich aufgreift. Natürlich spielt auch

HOTEL REBSTOCK

Hotel Rebstock

Neubaustraße 7
97070 Würzburg

Telefon: 0931/3093-0
Telefax: 0931/3093-100

Ruhetage Restaurante: Sonntag,
Montag

Mit dem Erwerb des Traditionshauses durch Familie Unkell im Jahr 1977 hat sich das Hotel als eine der ersten Adressen der Stadt etabliert. Es beeindruckt durch ein kunstvoll akzentuiertes Ambiente mit eleganten Räumlichkeiten und dem mediterranen Wintergarten und strahlt zugleich eine familiäre Gastlichkeit aus. Als Christoph und Sabine Unkell das Haus vor gut zehn Jahren übernahmen, begannen sie mit stilsicherer Hand, die modernen und komfortablen Zimmer mit klarem Blick für ein gelungen komponiertes Interieur individuell auszugestalten.

Ebenso anspruchsvoll und zeitgemäß präsentiert sich auch die Gourmet-Küche unter der Ägide des seit nunmehr 25 Jahren im Hause tätigen Küchenchefs Franz Frankenberger. Spezialitäten der Welt, kreativ vereint mit fränkischen Gourmandisen, lassen das Haus regelmäßig hohe Auszeichnungen erringen.

So bettet sich der Seeteufel auf Erdrüben und der St. Petersfisch in Rotweinsauce auf frischen Frühlingswirsing. Das Kalbsmedaillon ist mit Blutwurst-Ravioli und Trüffel-

Das Hotel Rebstock im Herzen Würzburgs bildet mit seiner prächtigen Fassade eines der schönsten Beispiele für den Bürgerlichen Rokoko in Franken. Erste Urkunden datieren den Anfang der Gastronomie-Geschichte des Hauses bereits in das Jahr 1408, bevor ab 1653 einige der angesehensten Familien der Residenzstadt in dem schmucken Bürgerhaus residierten. Seit 1970 steht es wieder als Hotel Besuchern aus aller Welt offen.

WÜRZBURG

Lammrücken unter der Kräuterkruste

Zutaten

1 kg Lammrücken
2 EL Dijon Senf
60 g Weißbrotwürfel
Rosmarin
Petersilie
2 EL Tomatenmark
je 250 ml Rotwein und Brühe
200 g Röstgemüse (Möhren,
Sellerie, Zwiebeln)
2 Knoblauchzehen
Salz, Pfeffer
Olivenöl

Zubereitung

Lammfleisch von den Knochen lösen,
die Knochen klein hacken, mit dem
Röstgemüse und dem Tomatenmark
anrösten. Mit Rotwein und Brühe
ablöschen, durch ein Sieb passieren
und die Sauce abschmecken.
Kräuter klein hacken und mit den
Weißbrotwürfeln vermischen.
Die Lammrückenstränge würzen, anbraten und mit Senf betreichen. Dann
die Kräuterbrösel darauf geben und
festdrücken. In Olivenöl beidseitig
anbraten.
Bei 120 °C im Ofen ca. 5 Minuten
garen, herausnehmen und nochmals
5 Minuten ruhen lassen.
Lammrücken aufschneiden, auf dem
Teller platzieren und mit der Jus um-
gießen. Mit Rosmarin oder Thymian
ausgarnieren.
Als Beilage eignen sich ein Kartoffel-
gratin und Ratatouille oder grüne
Bohnen.

sauce liiert und das gebackene Saiblingstatar
präsentiert sich auf einem Rahmkohlrabi-
Mosaik, der Hummer im Seetangblatt wird
auf Erdäpfelsalat mit Soja-Sesam-Vinaigret-
te serviert: Das herzhafte Franken und die
Leichtigkeit einer multikulturellen Küche
bilden ein mehr als harmonisches kulinarisches Paar. Das kreative 6-Gang-
Menü wird von korrespondierenden Weinen begleitet, die zu einem
Großteil von namhaften Weingütern Würzburgs und Frankens
stammen.
Ein Muss für kulturbegeisterte
Feinschmecker ist das alljährliche
Mozart-Fest, dessen Konzerte zum
größten Teil in der prachtvollen
Residenz stattfinden. Begleitend
dazu offeriert das Hotel Rebstock –
nach der Maxime: Kultur meets
Kulinaria – ein abwechslungsreiches Menü, dessen Gänge vor und
nach dem Konzert serviert werden.
„Wir leben Gastlichkeit", beschrei-
ben die Unkells ihre Philosophie,
die im Jahre 1996 sogar mit der
DIN EN ISO 9001-Zertifizierung
für besonders gutes Qualitäts-
management belohnt wurde. Das
sympathische Ehepaar ist stets ansprechbar, die Freundlichkeit des

Serviceteams wirkt ungekünstelt und professionell. Jeder Mitarbeiter ist ein Teil des
familiären Hotels mit Stil und Anspruch.
Darum kommt der Gast auch gerne wieder
ins Hotel Rebstock – Würzburgs *kleiner*
Residenz.

WEINGUT AM STEIN & WEINSTEIN

edlen Rebhänge auch eines der besten Weingüter Frankens. Neben zahlreichen Preisen und Auszeichnungen kürte der Gault Millau den umtriebigen Winzer 2001 sogar zum Aufsteiger des Jahres, während die Gourmet-Szene des Landes seine Spitzenweine längst für sich entdeckt hat.

Auf gut 17 ha Rebfläche gedeihen auf Muschelkalk klassische und charakterstarke Rebsorten von Silvaner, Riesling und Burgunder bis zu Rieslaner, Müller-Thurgau, Bacchus und Scheurebe. Nur geringe Mengen von bester Qualität reifen mithilfe einer ausgefeilten Vinifikation zu klaren, schnörkellosen und sortentypischen Spitzenweinen heran. Zu den bekanntesten Lagen zählen

Würzburger und Stettener Stein sowie die Innere Leiste, die ob ihres außergewöhnlichen Terroirs große Weine mit hohem Alterungspotenzial ermöglichen.

Viele davon, besonders die wertvollen edelsüßen Weine, lagern in der ideal temperierten und feuchtkühlen Schatzkammer gleich neben dem Weinkeller und lassen sich bei einer Schatzkammerweinprobe genussvoll verkosten.

Ludwig Knoll ist es als Partner der Initiative Frank und Frei – Junge Weinmacher aus Franken entdecken das Positive alter Werte wieder – wichtig, seine Weine nicht nur klassisch-fränkisch auszubauen und sie zum größten Teil im Bocksbeutel anzubieten, sondern ihnen auch ein internationales Gepräge

Weingut am Stein

Mittlerer Steinbergweg 5
97080 Würzburg

Telefon: 0931/25808
Telefax: 0931/25880

Die Kulinarische Entdeckungsreise ist an einem wahrlich bacchischen Ort angekommen, gilt der Würzburger Stein unter Weinkennern doch als geradezu legendäre Lage. Und mit dem Weingut am Stein, von Ludwig und Sandra Knoll seit nunmehr 13 Jahren mit viel Erfolg geführt, residiert inmitten der

Harmonie zum Wein und das kreative Experiment, gepaart mit sinnvollen Küchentipps, in den Mittelpunkt stellen. Am Ende genießen alle Gäste an einer langen Tafel das Ergebnis gemeinsam.
Tradition und Moderne, Kunst und Experimentierfreude, das zeichnet die Weine des Weingutes am Stein und die edlen Gaumenfreuden des Restaurants Weinstein aus – der Weg hinauf zum Würzburger Stein ist mehr als lohnend.

zu verleihen. Dafür reist der engagierte Weinbau-Ingenieur gern in fremde Länder, tauscht sich mit Kollegen aus und setzt seine Erfahrungen dann im heimischen Keller gemäß seiner Philosophie „Guter Wein ist das Ergebnis von Leidenschaft, Kreativität und motivierter Teamarbeit" in fruchtige, elegante und komplexe Weine um.
Unter gleichem Dach schließt sich mit dem Restaurant Weinstein und seiner Maxime „Küche – Keller – Leichtigkeit" der Kreis des Genusses. Zu den Knoll'schen Weinen (und einigen intern. Rotweinen) bietet der ambitionierte Patron Bernhard Reiser hier eine junge, unkonventionelle Gourmet-Küche. Klare Linien, lockere Atmosphäre und lichtdurchflutete Räume sowie eine Terrasse, die mit herrlichem Blick auf die Stadt gesegnet ist, bilden den perfekten Rahmen für die frische, saisonal orientierte Speisenauswahl. Erlaubt ist, was schmeckt, starre Küchenregeln sprengt der Sternekoch ingeniös auf. Bodenständige Extravaganz und zwanglose lukullische Lust vereinen seine Kreationen wie Lammkarree in Rosmarinjus mit Bär-

lauchrisotto und Vanillemöhrchen, Jakobsmuschel mit Spargel in Limonen-Estragonvinaigrette und Rotbarbe auf Zuckerschoten mit Krustentierschaum und Tagliatelle, geschmorte Rinderbacken mit bunten Linsen und Brotknöpfle sowie Spargelstrudel mit Kräuterreis und Süßweinschaum.
Bernhard Reiser versteht sein Restaurant als moderne Weinstube, in der sich Feinschmecker zum gemeinsamen Genießen treffen. Dies gilt auch für seine Kochkurse, die den Entstehungsprozess eines Menüs, dessen

weinstein.restaurant.weinbar

Mittlerer Steinbergweg 5
97080 Würzburg

Telefon: 0931/286901
Telefax: 0931/2008699

Ruhetag: Montag

41

WÜRZBURGER HOFBRÄUKELLER

Freie. Bei frischem Bier und bayrischen Schmankerln lässt es sich auch an heißen Tagen unter den alten Kastanienbäumen gut aushalten – die süddeutsche Variante des Savoir-vivre! Besonders bequem haben es die alteingesessenen Würzburger am Stammtisch. Der verfügt nämlich über eine eigene Pipeline und das Bier kann am Tisch direkt ins Glas gezapft werden! Man muss sich nur auf die Biersorte einigen. Das Premium Pilsner, das helle Hefe-Weißbier und ein erfrischendes Radler gibt's vom Fass. Das Würzburger Hofbräu 1643 Original Lagerhell, eine Reminiszenz an die

Seit nunmehr 360 Jahren gibt es in Würzburg eine feste Institution für frisches und würziges Bier: das Würzburger Hofbräu, 1643 – in den Wirren des Dreißigjährigen Krieges – vom mainfränkischen Fürstbischof Johann Philipp von Schönborn gegründet, um den nie enden wollenden Durst der Schweden zu stillen und ihre Kampfeslust zu dämpfen. Heute schmecken die hochwertigen Biere des Würzburger Hofbräu Bierliebhabern in ganz Deutschland und werden sogar bis nach Italien und Japan exportiert.

Am besten schmeckt das Bier ja bekanntlich dort, wo es hergestellt wird. Und so ist der Würzburger Hofbräukeller in der barocken Residenzstadt eine feste Einrichtung. Im Sommer lockt der große Biergarten ins

Gründerzeit der Brauerei, in der formschönen Bügelflasche. Des Weiteren werden ein dunkles Hefe- und ein Kristall-Weizen, ein

Würzburger Hofbräukeller

Höchberger Straße 28
97082 Würzburg

Telefon: 0931/42970
Telefax: 0931/413669

die Hofbräu-Schmankerlpfanne für zwei an, mit Bratwürsten, Schweinshaxe, Fuhrmannsbraten auf Sauerkraut, Kartoffelklößen und einer deftigen Biersoße. Die Tageskarte bietet saisonale Gerichte, Herzhaftes am Schlachttag, frischen Fisch am Freitag und auch mal edel-rustikale Speisen wie Mostsuppe mit Zimtcroutons, Hirschgulasch in Wacholderrahm, Rindsbraten in Burgundersauce und – auch das gibt es im Hofbräukeller – Seeteufelfilet auf Frankenweinsauce.

Der Würzburger Hofbräukeller ist auch als Ort für Feierlichkeiten, von der Familien- bis zur Betriebsfeier, sehr beliebt. In historischen Stuben, Zimmern und Sälen unterschiedlicher Größe offeriert Küchenchef Reinhard Henke vielseitige und abwechslungsreiche Büfetts, mal bayerisch, mal fränkisch, mal international konzipiert.

Die Tradition von frischem Bier und fränkisch-rustikalen Speisen macht den Hofbräukeller zu einem kulinarischen Stückchen Würzburg – wohl bekomm's!

Schwarzbier, ein Light- und ein Alkoholfreies Bier sowie das Zwickel-Kellerbier, ein unfiltriertes Lagerbier angeboten.

Doch auch an kühlen Tagen bietet der Hofbräukeller, der 2002 komplett renoviert und modernisiert wurde, viele gemütliche Plätze. Die Schwemme mit ihrem rustikalen Ambiente und der dunklen Holzausstattung erinnert an die gute alte Zeit. Lichtdurchflutet und offen zeigt sich das Sudhaus nach der Modernisierung. Als besonderes Highlight hat man drei alte Kastanien in den Raum mit den kupfernen Sudkesseln integriert. Die gemütliche Brauwerkstatt stellt alte Brauwerkzeuge und Maschinen vor und im Wintergarten genießt man auch an kalten oder regnerischen Tagen sommerliche Gartenatmosphäre.

Das Gastronomenpaar Gaby und Reinhard Henke, seit gut einem Jahr Gastgeber im Hofbräukeller, halten eine Fülle von bayerisch-fränkischen Schmankerln bereit. Allen voran natürlich die „Klassiker" wie Gerupfter und Bibeleskäs, Blaue Zipfel, Weiß- und Bratwürste mit Sauerkraut und fränkisches Zwiebelfleisch. Viele der Leckereien verweisen mit ihrem Namen auf ihren Bezug zum Bier, wie die zünftige Bayrische Biersuppe, die Braumeisterpfanne oder das Bierkutscherbrettle mit Hausmacherwurst, Bierbeißern und Rauchfleisch. Für Hungrige bietet sich

FRÄNKISCHES WEINLAND –

Marktbreit

FACHWERK-IDYLLE INMITTEN VON REBEN

Das Fränkische Weinland mit seinen einladenden Städtchen in weinumsäumter Landschaft wird geprägt von mittelalterlicher Fachwerkromantik und einer über 1200-jährigen Weinbautradition. Wie ein kostbarer Teppich überziehen die renommierten Weinlagen des Fränkischen Weinlandes die mal sanft, mal steil ansteigenden Hügelketten, an dessen Fuße sich der Main um manche Kehre windet. Rund um die Residenzstadt Würzburg gibt es eine Fülle von Sehenswürdigkeiten, die eindrucksvolle Zeugnisse über deutsche Geschichte, Kunst und Kultur vom Mittelalter bis zum Rokoko ablegen.

So gilt der Park des Schlosses in Veitshöchheim, von Balthasar Neumann im 18. Jh. in barocker Pracht ausgestaltet, als schönster Rokokogarten in Europa und begeistert mit 300 Skulpturen, Laubengängen, Heckenkabinetten, Wasserspielen und dem Musenberg.

Die Dettelbacher Stadtbefestigung wartet noch immer mit 36 Wehrtürmen und zwei Toren auf. Neben dem spätgotischen Rathaus fällt die kath. Pfarrkirche St. Augustinus, die im 18. Jh. barock ausgestaltet wurde, durch einen runden und einen viereckigen Turm ins Auge. Etwas außerhalb lädt die Wallfahrtskirche Maria im Sand auf einen Besuch in ihr frühbarockes Innere ein.

Der beliebte Weinort Sommerach zeigt sich mittelalterlich mit seiner stattlichen Wehrmauer. Renaissance und Barock beherrschen die kath. Pfarrkirche St. Eucharius, und auch die vielen Winzerhöfe und das Maintor sind barocke Kleinode.

Ein Bummel durch das 1100-jährige Volkach führt durch die sehr gut erhaltene historische Altstadt zu dem prächtigen Renaissance-

FRÄNKISCHES WEINLAND –

Rathaus von 1544 mit seiner doppelläufigen Freitreppe und dem achteckigen Marktbrunnen, der spätbarock und klassizistisch ausgestalteten kath. Pfarrkirche St. Georg und Bartholomäus und dem

Sehenswert sind der 52 m hohe Falterturm mit dem Fastnachtsmuseum, das Rathaus von 1563 sowie die beiden Pfarrkirchen, die spätgotische kath. St.–Johannis-Kirche und die barocke ev. Stadtkirche.
Romantisch und wehrhaft präsentiert sich

ein schmales gelb-rotes Fachwerkhäuschen, das sich an den Main schmiegt, so wie sich auch das Maintor fast zärtlich an das Rathaus kuschelt, beide mit viel Renaissance-Ornamentik versehen. Überall verweisen barocke Stadtpalais auf den einstigen Glanz

barocken Schelfenhaus. An der reizvollen Mainschleife, die man am besten von der Vogelsburg aus überblicken kann, liegt die Wallfahrtskirche „Maria im Weingarten" mit der „Maria im Rosenkranz" von Tilman Riemenschneider.
Er erbaute auch die Kreuzkapelle in Kitzingen, wo man in Deutschlands ältestem Weinkeller, dem Alten Klosterkeller, einkehren kann.

die Weinstadt Iphofen am Fuße des 468 m hohen Schwanbergs, auf dem 1692 die erste Silvanerrebe gepflanzt wurde. Die wohl besterhaltene und schönste Ringanlage Deutschlands mit ihren mächtigen Doppeltoranlagen wie dem Rödelseer Tor umfasst viele historische Gebäude, z. B. das Barock-Rathaus und das Rentamt mit dem Knauf-Museum.
Eines der berühmtesten Fotomotive Frankens ist das Museum Malerwinkel in Marktbreit,

der Stadt, die durch ihre exponierte Lage am Main lange ein bedeutender Handelsplatz für Waren aus aller Welt war.
Ochsenfurts Wahrzeichen ist das prachtvolle, rot leuchtende spätgotische Neue Rathaus (achten Sie auf das schöne Schauspiel im Uhrtürmchen zu jeder vollen Stunde!). Die Stadt wurde zwischen dem 14. und 16. Jh. befestigt, wovon noch immer drei Tore und vier Türme zeugen. Der hl. Nikolaus in der spätgotischen St.– Andreas-Kirche geht auf

FACHWERK-IDYLLE INMITTEN VON REBEN

Tilman Riemenschneider zurück.
In Frickenhausen ist der Weinbau seit
1100 Jahren zu Hause. Umrahmt von
einer Wehrmauer mit vier Toren ist der
schöne Altstadtkern mit einem spätgotischen Rathaus und der St.-Gallus-
Kirche, die einen prächtigen Hochaltar
vorzeigen kann, ebenso einen Ausflug
wert wie das Künstlerstädtchen Som-
merhausen mit seinen Galerien und
Antiquitätenläden.

WINZERGENOSSENSCHAFT THÜNGERSHEIM

**Winzergenossenschaft
Thüngersheim**

Untere Hauptstraße 1
97291 Thüngersheim

Telefon: 09364/5009-0
Telefax: 09364/5009-10

Die Weinbaugemeinde Thüngersheim mit ihren renommierten Lagen Scharlachberg, Ravensburg und Johannisberg zählt zu den größten und bedeutendsten Weinbaugemeinden in Franken. Die Winzergemeinde hat es sich zum Ziel gemacht, ausschließlich hochwertige und anspruchsvolle Weiß- und Rotweine auszubauen, die zum Großteil im klassischen Bocksbeutel angeboten werden. Der Erfolg gibt dem qualitätsorientierten Konzept Recht. Die erfolgsverwöhnten Winzer konnten bereits so viele Goldmedaillen, Weinsiegel und sogar den Bundesehrenpreis in Gold für sich gewinnen, dass die Genossenschaft landläufig als „Feinkostladen Weinfrankens" bezeichnet wird. Die 1930 gegründete Vereinigung, die sich aufgrund ihrer vielen Auszeichnungen zu den wenigen Prädikatswinzergenossenschaften zählen kann, umfasst heute über 350 Weingüter und ca. 250 ha Rebfläche. Dabei entstehen pro Jahr etwa 300 – 350 Weine, die sich in drei Gruppen aufgliedern lassen: jung und frisch, traditionell und klassisch sowie edelreif-mild. Sogar ein kleines Sortiment an biologisch angebauten Weinen hat die Winzergenossenschaft im Repertoire. Unter dem Siegel „Terra Thu" werden hier, nach den Richtlinien von Bioland, sehr aufwändig und arbeitsintensiv ökologische Weine produziert – eine Ausnahmeerscheinung in der deutschen Weinlandschaft.

Die Winzergenossenschaft hat viel Sehenswertes zu bieten. Allem voran den historischen St. Michaelkeller mit seinen „Kronjuwelen". Im wie ein Banksafe gesicherten Weindepot lagern unter optimalen Bedingungen über 300 edelsüße Weine, die 40 Jahre Weingeschichte dokumentieren. Hier können Genießer ihr eigenes Fach mit Lieblingsweinen bestücken
und haben dabei die Auswahl aus Auslesen, Beeren- und Trockenbeerenauslesen sowie

Eisweinen, von denen einige ohne Probleme die nächsten 100 Jahre ruhen und reifen können – getreu der Liedzeile: Es wird ein Wein sein, und wir wer'n nimmer sein ..."
Die Thüngersheimer verwehren keinem Besucher den Weg zum Wein. Wer nicht an einer der interessanten Kellerführungen teilnimmt, kann auch auf eigene Faust in den Keller schauen. An dessen Eingang erklärt ein kleines Weinmuseum, wie man einst aus Trauben Wein herstellte. Kein Vergleich zur Hightech des 21. Jahrhunderts, die auch vor der Winzergenossenschaft keinen Halt machte. Heute lagert der kostbare Rebensaft in riesigen Edelstahlbehältern, computergesteuert und von erfahrenen Kellermeistern überwacht. Viel romantischer ist es dagegen im alten Fasskeller, der auch noch genutzt wird. Hinter prachtvollen Holzschnitzereien schlummern feine Rotweine und edle Silvaner nach alter Tradition.
Die Hälfte der Weine werden trocken ausgebaut. Müller-Thurgau, Riesling, Silvaner, Scheurebe und Kerner: Die klassischen Franken machen den Hauptteil der Sortenvielfalt aus, die aber auch Bacchus, Ortega, Graue

und Weiße Burgunder umfasst. Die Rotweine – Rotling, Schwarzriesling, Spätburgunder und Domina sowie Zweigelt und Dornfelder – verdanken ihr Aroma und ihre Tiefe vor allem dem Bundsandstein der Region.

Testen Sie die gehaltvollen Thüngersheimer Tropfen am besten gleich bei einer Weinprobe im offen und übersichtlich gestalteten Verkaufsraum oder im rustikalen Weinprobiersaal. Oder besuchen Sie die Thüngersheimer Winzergenossenschaft am 2. Augustwochenende zu ihrem jährlichen Sommer Festival. Dabei präsentieren die Winzer neben viel Musik, Stimmung und kulinarischen Schlemmereien natürlich auch ihre Weine. Außerdem stehen Kellerführungen mit Weinproben, Weinwanderungen, Dorfrundgänge und eine Weingala auf dem Programm.

ALTE HAUSBRENNEREI WECKLEIN

Sorten wie Vogelbeere, Hagebutte, Wildkirsche, Aprikose, Haselnuss, Waldbrombeere im Angebot. Viel Furore errang Günter Wecklein mit der Kreation eines Fränkischen-Speierling-Edelbrandes, der drei Jahre im Glasballon reift. Andere Brände ruhen zum Teil mehrere Jahre in Eichen-, Kirsche- oder Eschefässern und entfalten dabei ihren unverwechselbaren Geschmack.

Alte Hausbrennerei Wecklein

Ammannstraße 9
97450 Arnstein-Binsbach

Telefon: 09363/1602
Telefax: 09363/1424

Eine über 50-jährige Brenn-Tradition, wohl schmeckendes Obst und kreative Sortenvielfalt – die alte Hausbrennerei Wecklein bietet Feinschmeckern erlesene Brände, Geiste, Wässer und Liköre von hoher Qualität. Als Alfred Wecklein 1949 seinen ersten Brand destillierte, begann eine Erfolgsgeschichte, die sich mit Sohn Günter inzwischen auf hohem Niveau fortsetzt. Hochwertiges Obst von Streuobstwiesen und Wildfrüchte bilden die Grundlage für „geistreiche" Edelbrände, die regelmäßig Auszeichnungen und viel Lob in der Fachpresse für sich gewinnen – langjährige Erfahrung und kreative neue Aromen machen den Erfolg der Wecklein'schen Edelbrände aus.
Neben den „Traditionellen" wie Williams-Christbirne, Zwetschge, Himbeere und Mirabelle finden sich auch ausgefallenere

Wer zu einer Verkostung anreist, der kann in der hauseigenen Pension „Binsbacher Hof" übernachten. In dem umgebauten Bauernhof finden sich ländlich-gemütliche Zimmer, die große Scheune, die zum Feiern einlädt, und ein uriger Keller, der den passenden Rahmen für die aromatischen Kostproben bietet.

FRANKENS BRÄNDE – FRUCHTIGE KOSTBARKEITEN

$\mathcal{H}$ochprozentiges hat im Schlemmerland Franken schon seit langem eine kulinarische Heimat, finden sich hier doch gleich zwei Grundvoraussetzung für die Herstellung von hochwertigen Edelbränden erfüllt. Zum einen ein reiches Angebot an aromatischem Beeren-, Stein- und Kernobst sowie wohlschmeckenden Wildfrüchten, zum anderen eine Vielzahl an begabten Destillateuren. Neben herausragenden Brennereien von internationalem Renommee, die eine stattliche Anzahl preisgekrönter Produkte vorweisen können, destilliert auch so mancher Gastwirt, Hotelier und Winzer in der eige-

nen Hausbrennerei mit dem Obst der umliegenden Streuobstwiesen köstliche Brände nach alten Familienrezepten. Schließlich ist ein fränkischer Edelbrand als krönender Abschluss einer zünftigen Vesper oder eines lukullischen Gourmet-Menüs ein Digestif der besonderen Art.

Ob Edelbrand, Geist, Likör oder Wasser – die Basis bilden stets vollreife und aromenreiche Früchtchen wie Zwetschge, Williams Christbirne, Sauer- und Wildkirsche, Mirabelle, Wildweichsel und Aprikose, Schlehe, Quitte, Holunder sowie Johannis-, Vogel-, Him- und Brombeere. Den Rest besorgen

Frankens Brennmeister mit viel Erfahrung und Leidenschaft, einer guten Nase sowie einem hohen Maß an Experimentierfreude. Ein guter Edelbrand hinterlässt ein wohliges Gefühl und vollmundiges Fruchtaroma am Gaumen. Die hohe Kunst des Destillierens liegt darin, das „Herzstück" des Feinbrandes zu erspüren, das allein den vollen, milden Fruchtgeschmack in sich birgt. Anschließend vollendet die Reifezeit im Glasballon oder Holzfass die fruchtige Kostbarkeit.

HOTEL LEICHT

Hotel Leicht

Würzburger Straße 3
97318 Biebelried

Telefon: 09302/914-0
Telefax: 09302/3163

Lange, schon seit dem 14. Jahrhundert, währt die Geschichte der Familie Leicht als Bierbrauer, Bauern und Gastwirte. Und mehr als 100 Jahre davon im Gasthof Leicht, ehemals Karawanserei, dann Wirtshaus mit Brauerei und nun Hotel und Landgasthof. Das kleine Dorf, auch Namensgeber für das nahe Autobahnkreuz, war schon im Mittelalter eine bedeutende Station an der einstigen Landes-, Heer- und Geleitstraße. Noch heute zeugen die sichtbaren Reste der gewaltigen Mauer des Johanniterkastells und die Ordenswappen der Bauernhäuser von einer bewegten Geschichte. Erhalten geblieben sind die Dorfkirche, vormals Kapelle der Johanniter, und die Karawanserei. Die Kirche selbst ist ein Schmuckstück und birgt bedeutende Kunstwerke aus der Meisterhand und Schule Tilman Riemenschneiders, allen voran Christus Salvator aus dem Domkapitel zu Würzburg. Seit 1892 bewirtschaftet Familie Leicht das Anwesen der einstigen Karawanserei und bewahrt den Geist des Hauses mit Sensibilität und Liebe zum Detail. So bietet der Gasthof den Komfort eines 4-Sterne-Hotels mit dem Charme der historischen Hofstatt. Ein Hauch von Historie ist allerorts zu spüren und viele Dinge erzählen ihre Geschichte: der Brauereibrunnen in der Hotelhalle, die Deckenvertäfelung in der Gaststube, die Lamperie mit den Druckstöcken Richard Rothers sowie der Gewölbekeller, der heute den feinen Frankenweinen des Hauses Heimstatt ist.

Entspannen und genießen lässt es sich in den gemütlichen Gaststuben, dem lauschigen Innenhof und im urigen Kellerlokal ebenso wie in den behaglichen Zimmern im Landhausstil und dem Saunabereich. Die Küche bietet ganztägig ein reichhaltiges Angebot von deftig bis fein, ganz wie es dem Gaumen beliebt. Von den berühmten Blauen Zipfeln, fränkischen Bratwürsten, Pressack oder Leberwurst über frische Forellen, Waller oder Karpfen aus eigenen „Gewässern" im Innenhof bis hin zu fränkischem Spargel und Rehrücken St. Georg reicht die Auswahl – und einfallsreich fleischlos geht's natürlich auch. Gekocht wird, was aus der Region in die Küche wächst. Dazu natürlich auch – offen oder im klassischen Bocksbeutel – rote und weiße Franken aus den umliegenden Weinbergen. Und wenn das Wohlbefinden danach verlangt, bietet sich ein Gläschen Zwetschgen-, Birnen-, Kirsch- oder Quitten-Schnaps aus der eigenen Brennerei an! So wie einst Reiter und Fahrende müde und hungrig in der Karawanserei „Atzung und Lager" suchten, so findet der Reisende noch heute bei den Leichts eine Herberge, die

familiäre Gastlichkeit mit Stil und dem Anspruch auf Genuss trefflich zu verbinden weiß.

Spanferkelkarree mit Meerrettichkruste auf Portwein-Schalottenjus mit glaciertem Kohlrabi

Zutaten

ca. 1 kg Spanferkelrücken
(längs gesägt)
je 1 Karotte, Zwiebel, Knoblauchzehe
1 Stück Sellerie
Salz, Pfeffer

Kruste
100 g Meerrettich, fr. gerieben
125 g Butter
1/2 Knoblauchzehe
je 1 TL Thymian, Rosmarin,
Petersilie, gehackt
60 g Weißbrotwürfel
1 TL ger. Parmesan

10 Schalotten
300 ml Portwein
1/2 l Kalbsglace
Olivenöl

2 Kohlrabi
50 g Butter
100 ml Brühe
Salz, Pfeffer, Zucker

Zubereitung
Spanferkel in 4 Teile schneiden, Rippenknochen freiputzen, Schwarte rautenförmig einritzen. Gewürzt in heißem Fett anbraten. Herausnehmen und klein geschnittenes Gemüse anbraten.
Aus allen Zutaten und schaumig gerührter Butter die Kruste mischen, etwa 1/2 cm dick auf das Fleisch geben und es im Ofen bei 180° ca. 10 Min. braten.
Schalotten schälen, in Streifen schneiden, in Olivenöl andünsten. Mit 1/3 Portwein ablöschen, reduzieren lassen. Vorgang noch 2-mal wiederholen, mit Kalbsglace auffüllen (evtl. nachwürzen).
Kohlrabi in Halbmonde schneiden, in Salzwasser bissfest garen, in Eiswasser abschrecken. Mit zerlassener Butter, Brühe und Gewürzen anziehen lassen. Dazu gibt's im Hotel Leicht einen knusprigen Semmelgugelhupf!

WEINGUT TROCKENE SCHMITTS

durch einen eigenständigen und in Deutschland sehr selten gewordenen Weinausbau aus: Es handelt sich um naturreine, völlig durchgegorene und damit wahrhaft trockene Weine, die einen ganz geringen Restzuckergehalt, meist unter 1g/l, beinhalten. In Franken galt seit jeher freiwillig: Nur Weine bis zu 4 g Restzucker waren als trocken zu bezeichnen. Doch auch hier gehen die Betriebe mit der aktuellen Geschmacksmode und bezeichnen auch Weine bis zu 9 g als trocken. Ein Schmitt'scher Wein kommt dagegen nur ganz selten an die 4-g-Schwelle heran.

Der Most vergärt so lange, bis der natürliche Vorgang allein seinen Abschluss findet. Ein vorzeitiger Abbruch dieses Prozesses oder der Zusatz von Zucker sind tabu. Nach dem Ausbau im Edelstahltank gönnt man dem Wein eine Reifezeit im traditionellen Holzfass, um ihm Harmonie und Tiefe zu verleihen.

Diese Produktionsweise entspricht den Richtlinien der Vereinigung „Naturweinversteigerer". Nachdem sich dieser Verein jedoch vor über 30 Jahren auflöste, gibt es heute gerade noch etwa zehn Betriebe in

Weingut Trockene Schmitts

Maingasse 14 a
97236 Randersacker

Telefon: 0931/700490
Telefax: 0931/3048815

Ruhetage Häckerstube: Montag,
Dienstag

Das Weingut Trockene Schmitts ist für ganz besondere Weine bekannt. Schon der Name ist Programm und erklärt sich zum einen daraus, dass in Randersacker, einer der größten fränkischen Winzergemeinden, deren Weinbautradition ins Jahr 779 zurückreicht, noch fünf weitere Winzer auf den Namen Schmitt hören. Die Brüder Paul und Bruno Schmitt sind dabei die „Trockenen" Schmitts. Denn sie zeichnen sich

nicht erst durch eine komplizierte Kellertechnik", meint Paul Schmitt. Sortentypische und geschmacksintensive Weine, die unverfälscht ihren Jahrgang widerspiegeln und auf Sonnenstunden und Regentage verweisen, sind das Ergebnis.

Und der große Kreis an Stammkunden schätzt es auch, wenn ein Wein mal ganz besonders herb ausfällt, behält er doch trotzdem seine Fruchtigkeit und Fülle und schmeckt „wie gewachsen", aber – denn das hört man im Hause Schmitt gar nicht gern – keinesfalls sauer!

Die naturreinen Weine sind besonders bekömmlich und diabetikergeeignet. Nicht umsonst gehören auch Ärzte und Apotheker zu den Stammkunden der Schmitts.

In der Häckerstube können Sie bei fränkischen Schmankerln die besonderen Weine der „Trockenen Schmitts" verkosten. Und gemütlich-komfortable Ferienwohnungen stehen jenen zur Verfügung, die nun Lust auf eine ausgiebige Weinprobe im Hause Schmitt bekommen haben.

Deutschland, die sich dieser Weinbereitung verschrieben haben. In Franken sind die Trockenen Schmitts inzwischen die einzigen Winzer für naturbelassene, durchgegorene Weine. Daher legten die Brüder im Jahr 2002 ihre beiden Weingüter zusammen. „Gemeinsam sind wir besser", meint Bruno Schmitt selbstbewusst. „So können wir unsere Fähigkeiten besser ausschöpfen und unsere Kunden kompetent und umfassend mit trockenen Weinen bedienen." Die Stärke des modernen Familienbetriebes, der auf vier Generationen Erfahrung und Wissen aufbaut, liegt in einem reibungslosen Miteinander.

Während Paul Schmitt die Arbeit im Weinberg übernimmt, der möglichst schonend und ökologisch bearbeitet wird, gehören Vertrieb und Präsentation zu den Aufgaben von Ehefrau Angela und Bruder Bruno. Sohn Lothar, seines Zeichens Küfer, ist bereits Teil des Familienbetriebs, und auch Mutter Hedwig hilft noch unterstützend mit. Die gut 12 ha Rebfläche bringt alle klassischen Rebsorten vom Silvaner, Müller-

Thurgau und Riesling über Rieslaner, Traminer und Scheurebe bis zu Weißem Burgunder und Bacchus hervor. Auch spritzigen Riesling Sekt und Tresterbrand umfasst das Angebot.

„Unser Wein entsteht durch sorgfältigen und arbeitsintensiven Einsatz im Weinberg,

RESTAURANT WALDHAUS

Café & Restaurant Waldhaus

97228 Rottendorf

Telefon: 09302/9229-0
Telefax: 09302/9229-30

Ruhetag: Donnerstag

ie sein Name es bereits verheißt, bettet sich das Waldhaus mitten in ein Waldgebiet außerhalb des südlich von Würzburg gelegenen Rottendorf. Wenn Sie, von der Autobahn oder Bundesstraße kommend, die Ausfahrt Rottendorf nehmen, ist der Weg gut ausgeschildert.

Inhaber Uwe Leonhardt, der das Haus 1972 von seinen Eltern übernahm, hat sich gemeinsam mit Frau Gunde und Sohn Jan, die für die regionale bis mediterrane Küche verantwortlich zeichnen, ein wahres Kleinod fränkischer Gastlichkeit geschaffen. Das architektonisch eigenwillige Haus mit dem imposanten Turm beherbergt liebevoll eingerichtete und je nach Jahreszeit stilvoll dekorierte Gaststuben: die Bauernstube mit ihrem blauen Kachelofen, die Entenstube mit lustigen Accessoires rund um die Ente,

den rankenumwachsenen und lichtdurchfluteten Wintergarten, die rustikale Scheune und den eleganten Pavillon. Im Sommer locken die beiden Gärten die Gäste hinaus in die idyllische Landschaft.

Gemäß der Philosophie „Die Natur hat uns viel zu bieten" offeriert die Waldhaus-Küche

kreative und ideenreiche Gerichte rund um die reichen Gaben dieser Region. Neben der Stammkarte werden jeden Tag zwei Menüs und eine Tagesauswahl angeboten. Im Mittelpunkt stehen dabei heimische Süß- und mediterrane Salzwasserfische sowie saisonale Produkte wie Spargel, Pfifferlinge, Steinpilze und Wild.

Regionale Lieferanten sorgen für die frischen Grundprodukte, die dann in so beliebte Gerichte wie Altfränkisches Knoblauchsüpple, ausgelöste Landente auf Apfel-Calvadossauce mit Semmelknödel-Carpaccio, Rottendorfer Zwiebelfleisch – in Butter gebratene Tafelspitzscheiben mit Röstzwiebeln – oder Besoffenes Brüstchen vom Bauernhähnchen in Rotwein-Pfeffersauce verwandelt werden. Die Fischauswahl reicht vom Wallerfilet im Wurzelsud über das asiatische Fischtöpfchen mit allerlei Edelfischen, Krabben und Gemüse auf scharfe Art bis zum Steak vom Ikarini-Lachs mit Zucchinischuppen auf Basilikumsauce mit Nudelfäden und gegrilltem Scampi. Beim Freaky-Fischteller sollten Sie sich von der „verrückten Beilage" einfach mal überraschen lassen!

Neben fränkischem Hasenrücken auf Wildjus ist auch ein Steak vom Elchrücken auf der Karte zu finden. Italienisch inspiriert zeigt sich das Schweinemedaillon, gefüllt mit Ziegenfrischkäse und getrockneten Tomaten und angerichtet an Pesto-Spaghetti mit Gemüsebolognese. Adäquat dazu präsentiert sich die wohl sortierte Weinauswahl, die neben dem Schwerpunkt Franken auch Italiener, Spanier und Franzosen offeriert.

Waldhaus „Hocuspocus"

Erdbeermosse

Zutaten
4 Blatt weiße Gelatine
Saft 1 Zitrone
400 g Erdbeeren
60 g Puderzucker
600 g Sahne

Zubereitung
Erdbeeren mit Zitronensaft und Puderzucker pürieren. Gelatine auflösen und unter das Fruchtpüree rühren, anschließend die geschlagene Sahne unterheben.

Mousse au Chocolat

Zutaten
200 g bittere Kuvertüre
2 Eier
400 g Sahne

Zubereitung
Schokolade im Wasserbad auflösen, Eier schaumig schlagen und unter die Schokolade heben, zum Schluss geschlagene Sahne unterziehen.

Bayerische Creme

Zutaten
3 Eigelb
60 g Puderzucker
je 1/4 l Milch und Sahne
1/2 Vanilleschote
4 Blatt Gelatine

Zubereitung
Eigelb mit Zucker schaumig rühren. Milch mit Vanilleschote zum Kochen bringen und noch heiß zur Eigelb-Zuckermasse geben. Unter ständigem Rühren so lange erhitzen, bis die Creme leicht andickt. Eingeweichte Gelatine und geschlagene Sahne unterheben und in Förmchen füllen.

RESTAURANT WEINGUT HIMMELSTOSS

Restaurant Weingut Himmelstoß

Bamberger Straße 3
97337 Dettelbach

Telefon: 09324/4776
Telefax: 09324/4969

Ruhetage: Montag, Dienstag

Herbert Kuffer ist eine Ausnahmeerscheinung in der deutschen Gourmet-Szene. Er kocht mit viel Leidenschaft und Engagement, losgelöst von Konventionen und festen Stilrichtungen. Der eigenwillige und hoch kreative Küchenchef lebt in der idyllischen mainfränkischen Weingemeinde Dettelbach im Restaurant Weingut Himmelstoß seine Philosophie von einer jungen, unorthodoxen Aromenküche mit multikulturellem Anspruch. Der einstmals jüngste 1-Sterne-Koch Deutschlands sagt über sich: „Ich lese sehr viel über andere Kochkulturen. Aber ich koche nur, wovon ich überzeugt bin. Ko-

chen, so wie ich es verstehe, ist Kreativität, Leidenschaft, Hingabe!" Und dieses authentische Gefühl für sein kreatives Werk spürt der Gast sofort, wenn er im elegant-legeren Restaurant oder auf der weinumrankten Terrasse Platz nimmt. Von Steifheit und förmlicher Etikette keine Spur, und genauso natürlich und herzlich führen Agnes und Herbert Kuffer ihr Restaurant, das zu dem renommierten Weingut Glaser-Himmelstoß gehört und exklusiv dessen erlesene Spitzenweine offeriert.

Herbert Kuffer entführt seine Gäste in harmonische Geschmackswelten, die nur die Maxime „frische, leichte und hochwertige Grundprodukte" erfüllen müssen, sich sonst aber keinem weiteren Diktat unterwerfen, sondern auf höchstem Niveau Frankens reiche Gaben mit der lukullischen Vielfalt der Küchen dieser Welt verbinden. So wird statt

einer Suppe schon mal ein exotischer Curry-Cappucchino mit Mango, schwarzen Raviolis und Blätterteig-Crissini serviert, das Kaninchen vereint sich mit Tunfisch in einer Roulade und bettet sich auf asiatisch gewürztem Apfelkompott, Kombuchatee-Sabayon und Kartoffelroulade. Der in Cardamombutter gebratene Wildlachs vereint sich mit sautierten Scampi in Grapefruit-Vanillebuttersauce und Blätterteigkipferl. Und zum Dessert überrascht der Kochvirtuose mit in grünem Curry und Mohn geschmälzten Kartoffel-Apfelmaultaschen mit Apfel-Sushi, Limonenvinaigrette und Chili-Panna-Cotta-Eis oder mit einer Dessertvariation der klassischen Schwarzwälder-Kirsch-Torte.
Herbert Kuffer folgt keinen Trends, er setzt sie lieber selbst. Er ist ständig auf der Suche nach neuen Variationen der alten, traditionellen Produkte seiner Heimat und entwickelt seinen ganz eigenen Stil dabei stetig weiter: „Meine kreative Küche ist das Produkt von Gedanken, Träumen, Ideen und Emotionen". Mit dem vorgestellten Rezept gewann Kuffer den Wettbewerb „Das deutsche Super-Rezept" der Zeitschrift „Savoirvivre", ausgeschrieben für Deutschlands 200 beste Köche.

DETTELBACH

Im Heu-Rauch gegrilltes Spanferkel-Kotelett mit sautierten Pfifferlingen auf Kartoffel-Tomatenbrot-Eintopf in warmer Bärlauch-Mojo-Vinaigrette

Zutaten

600 g Spanferkelkotelett
200 g Pfifferlinge
1 Schalotte u. 20 g Bauchspeck, klein gewürfelt und blanchiert
1 Zweig Zitronenthymian
20 kl. Kartoffeln, 12 Kirschtomaten
80 g Tomaten-Ciabattabrot
1 Heutopf (oder Wok)
50 g aromatisch-feines Heu
2-3 EL Räuchermehl

Mojo-Vinaigrette

50 g Balsamico, weiß,
1 TL Rotweinessig
100 g Bärlauch-Olivenöl, 60 g Rapsöl
je 50 g Geflügelfond und Sahne
6-8 Knoblauchzehen
2 rote Pfefferschoten, entkernt
je 1 EL weißer Portwein und
Noilly Prat, Salz, Pfeffer, Muskat
Saft und Schale 1 Zitrone
Bärlauch, Basilikum, Blattpetersilie,
Pinienkerne, Mandeln, Kreuzkümmel,
Koriander, Sambal Oelek

Zubereitung

Koteletts salzen, pfeffern und anbraten, dann im mit Räuchermehl u. Heu ausgelegten Räuchertopf auf einem Gitter 20-25 Min. räuchern. Kartoffeln mit Salz u. Kümmel kochen, schälen. Mit Pfifferlingen, Speck-Zwiebelwürfel und Thymian sautieren. Tomaten blanchieren, häuten, erwärmen. Ciabatta hauchdünn aufschneiden, mit Knoblauch und Kräuterbutter in der Pfanne rösten. Alle Zutaten der Vinaigrette gut mixen, kurz vorm Servieren langsam erwärmen und anrichten.

RHÖNFORELLE, SPESSARTWILD UND MEERFISCHLI –

Kaum eine Region in Deutschland ist aus kulinarischer Sicht so vielseitig wie Franken, denn die fränkischen Landschaften bieten eine Vielzahl typischer Spezialitäten, die sich in der Küche zu einem harmonischen Miteinander zusammenfügen.

Der Spessart ist berühmt für seine Wildspezialitäten und, ebenso wie die Rhön, auch für fangfrische

und Aischgründer Karpfen, Wildente, Kaninchen, Pfifferlinge und Spargel, ja sogar Schiefertrüffel und Flusskrebse – die fränkischen Kochkünstler, ob sie nun im Wirtshaus, Landhotel, Brauereigasthof oder im Gourmet-Tempel hinter dem Herd stehen, müssen nicht in die Ferne schweifen, das Gute liegt oft gleich nebenan.

Bauernhöfe mit artgerechter Tierhaltung und Selbstvermarktung, Initiativen, die sich der fränkischen Küchen-Tradition verschrieben

Blaue Zipfel aus dem Wurzelsud, Gerupfter (angemachter Camembert mit Zwiebeln) oder Bibeleskäs (Quark mit Zwiebeln u. Kräutern) munden herrlich zum Wein. Das tun auch die knusprigen Meefischli, kleine Weißfische aus dem Main, die man goldgelb ausgebacken im Ganzen verspeisen kann. Die fränkische Vesper kommt mit knusprigem Bauernbrot, rotem und weißem Presssack, Hausmacher Wurst und Schinken sowie fränkischen Käsespezialitäten daher.

Forellen aus glasklaren Bächen. Das Taubertal ist stolz auf seinen Tauberaal. Steiger- und Frankenwald sind bekannt für ihre Ziegen, die auch herzhafte, edle Käse hervorbringen. Das Knoblauchsland nördlich von Nürnberg ist der Gemüsegarten Frankens und die Fränkische Schweiz Deutschlands größtes Süßkirschenanbaugebiet.

Ob Rhönschaf, Jura- und Frankenhöhe-Lamm, Waller, Mainzander

haben, fränkisch ausgerichtete Speisekarten und Gourmet-Menüs – die Heimat steht im Vordergrund allen kulinarischen Schaffens. Zum Synonym für Franken sind die Nürnberger Rostbratwürstchen geworden, die man standesgemäß zu dritt im Weckla genießt oder gleich im Dutzend zu Fasssauerkraut und Bauernbrot ordert. Sie müssen exakt 25 g wiegen und sind daher nicht viel größer als der kleine Finger. Die fränkische Bratwurst ist ungleich größer und dicker, die Coburger Version schmal und extralang.

Der Genuss wird nicht nur harmonisch vollendet von hochwertigen Weinen, würzigen Bieren und feinsten Edelbränden, Reben- und Gerstensaft haben natürlich auch ihren festen Platz in der Küche und bereichern die Auswahl um Weinnudeln, Weincreme und Silvanersuppe sowie köstliche Rotweinsauce zum Sauer- und kräftige Biersauce zum Schweinebraten.

Überhaupt hat der klassische Sonntagsbraten seinen festen Platz im fränkischen Leben, wie auch das Schäufele (Schweineschulter)

oder ein Hasenpfeffer, dazu gehören rohe Klöße, Blaukraut und eine kräftige Soße.

Auch der Meerrettich spielt eine große Rolle. Die scharfe Wurzel gedeiht im größten und traditionsreichsten Meerrettichanbaugebiet der Welt mit seiner „Meerrettichhauptstadt" Baiersdorf seit Jahrhunderten und findet sich in zahlreichen traditionellen Gerichten wie dem Fränkischen Hochzeitsessen – Tafelspitz mit Meerrettichsauce –, der Meerrettichschaumsuppe oder anderen kreativen Variationen wieder.

Für Süßmäulchen ist Franken ein Schlaraffenland. Auf den Dessertkarten des Landes treffen sich fränkische Apfel- oder Hollerküchle, Apfelstrudel, b'soffene Jungfern und Spitzbuben. Rothenburg ist für seine Schneeballen, Nürnberg für seine Lebkuchen bekannt.

Und übrigens: Im Fichtelgebirge baute man 1647 die ersten Kartoffeln in Deutschland an, Johann Georg Lahner aus der Fränkischen Schweiz erfand das "Frankfurter Würstchen", und zwar in Wien, und in Kulmbach gibt es die Deutsche Akademie für Kulinaristik.

Ach, Schlemmerland Franken ... Heimat von Bacchus, Gambrinus und Lucullus. Wie lässt es sich hier trefflich genießen!

WEINGUT MAX MÜLLER I

Weingut Max Müller I

Hauptstraße 46
97332 Volkach

Telefon: 09381/1218
Telefax: 09381/1690

Ein stattlicher historischer Winzerhof, 1692 von den Würzburger Fürstbischöfen erbaut, ist die Heimat des renommierten Weingutes Max Müller I in der Volkacher Altstadt. Rainer und Monika Müller, die das Weingut in dritter Generation führen, haben es sich zur Aufgabe gemacht, zeitgemäßen, hochwertigen Weingenuss mit fränkischer Tradition zu verbinden. Erfahrung, Wissen, viel Mut und eine stattliche Portion Urtümlichkeit geben sie nun bereits an ihre Kinder Christian, Michi und Toni weiter.
Auf gut zehn Hektar Rebfläche, die sich über besten Lagen in Volkach, Sommerach und Obereisenheim erstrecken, wachsen hauptsächlich die klassischen fränkischen Rebsorten Silvaner, Müller-Thurgau und Riesling sowie Spätburgunder, Domina und Schwarzriesling.

Verwurzelt in der alten fränkischen Weinkultur werden die Reben naturnah, aber nicht vernunftfern gepflegt. Das Einarbeiten von Humus und ausgesähter Grünung, schonende Bekämpfung der Schädlinge und Raum für Nützlinge geben dem Muschelkalk-Verwitterungsboden Halt und Ausdauer. Der Anbau der Rebsorten folgt ihren individuellen Persönlichkeiten. Dadurch entwickeln sie Typik, Originalität, Eleganz. Meisterhaft hat es Rainer Müller verstanden, das natürliche Potenzial der Trauben durch eine feinfühlige Vinifikation bestmöglich auf die Flasche zu bringen.

Die fruchtigen, klaren und jungen Weißweine reifen in modernen Edelstahlbehältern, welche die Frische und fruchtigen Aromen am besten zu bewahren vermögen. Die Rotweine verbringen ihre Reifezeit in Holz- und zum Teil auch in Barriquefässern, die ihnen den typischen Geschmack und den dunklen, warmen Ton verleihen. Fast alle der edlen Rebensäfte werden in den klassischen Bocksbeutel abgefüllt, symbolisiert dieser doch am besten die Weinbautradition und den hohen Anspruch der fränkischen Weine.

Neben den vor allem trocken ausgebauten Weiß- und Rotweinen, den edelsüßen Auslesen, Beerenauslesen und Eisweinen sowie den halbtrockenen Qualitätsweinen gehören auch die „Drei Jungen", spritzige und sehr fruchtbetonte Weine des aktuellen Jahrganges, edle Winzersekte und Edelbranntweine zum Sortiment. Stammkunden aus ganz Deutschland sind regelmäßig zu Gast in den beiden barocken Weinprobierstuben oder im romantischen Innenhof, verleiht doch gerade dieses „fürstliche" Ambiente der Verkostung der mehrfach prämierten Weine den besonderen Rahmen. Einen Blick sollten Sie auch in den historischen Gewölbekeller mit seinen Barriquefässern sowie den edlen Raritäten in der Schatzkammer werfen.

Dass das Konzept aus Tradition und Innovation, das Monika und Rainer Müller hier seit 1990 verfolgen, aufgeht, beweisen die Lobeshymnen der Fachpresse sowie die zahlreichen Auszeichnungen, die das sympathische Winzerpaar regelmäßig erringt. Für Feinschmecker bieten die Müllers regelmäßig abwechslungsreiche Wein-Events an, die von Gastköchen der Region begleitet werden. Von der Wein- und Küchenparty bis zu Themenabenden rund um Spargel, Rosen, Martinsgans- und Nikolaus-Menü reicht das kulinarische Angebot, getreu dem Motto: Gemeinsam kochen, gemeinsam Wein trinken, gemeinsam genießen!

Die familiäre Atmosphäre des kleinen Weinguts, die persönliche Beziehung der Winzerfamilie zu ihren Kunden und die ausgezeichneten Spitzenweine, die mit viel Sorgfalt, Fachkenntnis und Innovationsfreude entstehen, machen das Weingut Max Müller I zu einer empfehlenswerten Adresse für Liebhaber fränkischen Weins. Nicht umsonst gehören auch die gehobene Gastronomie der Region sowie der Weinfachhandel zum Kundenkreis der Müllers.

RESTAURANT ZUR KRONE

erschließen und exzellente Gaumenfreuden zu zaubern. Und auch in den Details bemerkt man die Kunstfertigkeit des sympathischen Paares. So gibt es vorab frische Wild- und Gartenkräuter und zum Kaffee selbst gemachte Pralinen oder frisch gebackenen Kuchen. Seine exotischen Curry-Mischungen mischt Ralf Sachs selbst, die ausgefallenen Aperitife entstehen nach eigenem Rezept. Neben dem erlesenen À-la-carte-Angebot werden ein Fisch- und das 7-Gang-Reblaus-Menü offeriert. So leitet z. B. ein Salat von Wild- und Gartenkräutern in Olivenmarinade mit Strauchtomatenquiche und Ziegenfrischkäseparfait zur Consommé vom fränk. Reh mit Dattel-Tortellini und Rehlebernockerl

Restaurant Zur Krone

Bocksbeutelstraße 1
97332 Volkach-Escherndorf

Telefon: 09381/2850
Telefax: 09381/6082

Ruhetag: Dienstag

Von Volkach aus macht die Kulinarische Entdeckungsreise einen Sprung über den Main zum Ortsteil Escherndorf und zum Restaurant Zur Krone – ein Haus mit anspruchsvoller Küche, stilvollem Ambiente und weit reichendem Ruf. Mit viel Begeisterung für eine junge, frische Küche, die voller Lust an ausdrucksstarken Aromen und vielfältigen Geschmackswelten steckt, verwöhnen Ralf Sachs und Antje Schmelke ihre Gäste.

Die Basis für die innovativen Kreationen, die mal klassisch französisch, mal italienisch mediterran, dann wieder fernöstlich aromatisch und exotisch daherkommen, bilden Meeresfrüchte, Edelfische und Krustentiere, heimisches Wild, Gemüse und Salate sowie Wildkräuter und Blüten aus dem eigenen Garten und den nahen Weinbergen. Aus den Gaben der Natur vermag es Ralf Sachs meisterhaft, vergessene Geschmackswelten zu

andercurry weitergeht. Es folgen ein Creme-Sorbet von Gartenthymian & Heidehonig sowie Gänsestopfleber & Stubenküken mit Pfifferlingfüllung auf Kalbsbries-Schalottenragout in Banyuls geschmort mit Couscous von gerösteten Haselnüssen. Gâteau & Creme brulée von der Holunderblüte mit Mascarpone-Erdbeereis sowie franz. Rohmilchkäse beenden das lukullische Erlebnis würdig. Tipp: Probieren Sie unbedingt eine der eigenwilligen hausgemachten Eiskreationen wie Passionsfrucht-Sauerrahm-, Basilikum-Limette-, Curry-Chili- oder weißes Kaffee-Eis.

Auch der kulinarische Jahresspiegel der Krone hat viel zu bieten. Das gibt es Themenabende, die z. B. Krusten- u. Schalentieren oder Holunderblüten gewidmet sind, den Tag des offenen Kochtopfs, an dem ein bestimmten Thema, etwa Kräuter, Blüten und Wildgewächse, gemeinsames Kochen und Genießen versprechen, und kulinarische Weinproben, z. B. mit dem Escherndorfer Top-Winzer Horst Sauer, dessen edle Kreszenzen von einem eleganten Menü begleitet werden.

über, bevor es mit gegrilltem Kalmar auf gebratenem Apfel-Chicorée in Kurkuma-Kori-

Lauwarmer Ziegenkäse mit Pestokruste auf Wildkräutersalat

Zutaten

200 g junger,
halbfester Ziegenkäse
50 g Butter
1 Eigelb
30 g geriebenes Weißbrot
1 TL Basilikumpesto
150 g wilder Ruccola
Frische Wild- u. Gartenkräuter,
z. B.: Thymian, Rosmarin, Pimpernelle,
Estragon, Majoran, Basilikum,
Oregano

Dressing

75 ml Balsamicoessig
35 ml Olivenöl
2 EL trockener Sherry
2-3 schwarze Oliven, entsteint
1/2 TL Zucker
Salz, Pfeffer

Zubereitung

Butter und Eigelb schaumig rühren, Pesto und geriebenes Weißbrot dazugeben und unterarbeiten. Mit Salz u. Pfeffer abschmecken, kühl stellen. Ruccola und Kräuter gut waschen, harte Zweige entfernen, gemeinsam als Nest auf dem Teller anrichten. Zutaten für das Dressing in einen Mixer geben und so lange mixen, bis sich das Öl nicht mehr absetzt. Gleichmäßig über den Kräutersalat verteilen. Ziegenkäse in ca. 1 cm dicke Scheiben schneiden, Pestobutter darauf legen und vorsichtig andrücken. Unter dem Grill oder im Ofen mit Oberhitze goldbraun krusten. Noch warm auf dem Salat anrichten. Dazu serviert man in der Krone eine Quiche aus Ziegenfrischkäse und Sommertomaten.

LANDHOTEL NEUSES

Landhotel Neuses

Neuses am Sand
97357 Prichsenstadt

Telefon: 09383/7155
Telefax: 09383/6556

Ruhetag: Dienstag

Im idyllischen Steigerwald, umgeben von sehenswerten historischen Städtchen wie Volkach und Prichsenstadt und urigen Weindörfern wie das nahe gelegene Sommerach, führt die Kulinarische Reise zu dem geschichtsträchtigen Landhotel Neuses im gleichnamigen Neuses am Sand, das auf eine lange und bewegte Historie zurückblicken kann. Schon vor Jahrhunderten als wichtige Postkutschen- und Telegrafen-Station bekannt, bot der imposante Bruchsteinbau 1812 sogar Napoleon Rast und sicher auch eine deftige Mahlzeit zur Stärkung auf der einst so beschwerlichen Reise. Inzwischen ist man weitaus bequemer mit dem Auto unterwegs, doch die Suche des Reisenden nach einem Ort der Entspannung und des Genusses ist stets die gleiche geblieben.

Seit dem Jahr 2001 sorgt Familie Friedemann mit einer authentischen bayrisch-fränkischen Küche für das Wohl ihrer Gäste. Gemeinsam mit anderen ambitionierten Gastronomen hat sie die Vereinigung

"Weinfranken schmecken" initiiert, die sich den reichen Gaben dieser fruchtbaren Region verpflichtet fühlt. Karpfen, Forellen, Gemüse, Lamm und Rindfleisch stammen von regionalen Bauern und Züchtern, fränkische Winzer liefern den Großteil der offerierten Weine, weil sie die heimischen Gerichte harmonisch ergänzen und den Geschmack der Region einmal mehr widerspiegeln. So gehen das gemütliche Ambiente mit viel Holz und dem Kachelofen mit Ofenbank gemeinsam mit Speis und Trank eine fränkische Symbiose aus Bodenständigkeit und genussreicher Vielfalt ein.

Doch Küchenchef Rainer Friedemann und Ehefrau Karola blicken auch gerne mal über den süddeutschen Tellerrand und überraschen ihre Gäste mit einfallsreichen Nudelgerichten aus aller Welt, rustikalen Grillabenden oder Themenwochen, die ein Land dieser Erde kulinarisch präsentieren. Am Wochenende steht ein abwechslungsreiches 3-Gang-Menü auf dem Speisenplan. Eine kleine Attraktion des besonders kinderfreundlichen Hauses, das mit Spielplatz und Malwettbewerben den kleinen Gästen große Aufmerksamkeit widmet, wartet im mediterran gestalteten Hofgarten, dessen Mittelpunkt der mächtige Steinofen bildet. Jeden Freitag wird hier frisches Brot gebacken, das Mehl liefert ein befreundet Müller, den Sauerteig setzt Rainer Friedemann drei Tage zuvor selbst an. Der Ofen dient im Sommer auch für zünftige Spanferkelessen, im Winter brutzeln darin die Weihnachtsgänse. Auf Wunsch veranstaltet Familie Friedemann für ihre Gäste auch fränkische Weinproben, zünftige Grillfeste am hauseigenen See und sogar Ochsenkutschenfahrten in die idyllische Umgebung.

ᴘRICHSENSTADT

Filet vom Mainzander „Fränkische Art" mit Spargelgemüse, Schaum von der Domina und Petersilien-Bärlauchkartoffeln

Zutaten

4 Zanderfilets à 170 g, ohne Haut
1 kg Stangenspargel
Zucker
Butterschmalz
250 g Butter
3 Eigelb
0,1 l kräftiger Rotwein (Domina)
Salz, Pfeffer, Muskat
500 g Kartoffeln
Petersilie, Bärlauch
Mehl
Zitronensaft
geschl. Sahne

Zubereitung

Stangenspargel schälen und in 4 gleiche Bündel teilen, mit Spargelgarn zusammenbinden. Kartoffeln waschen, schälen, in Salzwasser fast gar kochen, dann in einer Pfanne mit Butterschmalz warm halten. Kurz vorm Servieren gehackte Petersilie u. Bärlauch darüber geben.
Spargel in reichlich Wasser mit Salz und etwas Zucker bissfest kochen. Zanderfilet waschen, abtrocknen, mit Salz, Pfeffer, Zitronensaft würzen, in Mehl wenden. In heißer Pfanne mit Butterschmalz goldgelb ausbacken. Eigelb mit Rotwein, Salz, Pfeffer u. Muskat im Wasserbad schaumig rühren (nicht zu heiß werden lassen!), warme, ausgelassene Butter tropfenweise in die Masse einrühren. Zum Schluss mit geschlagener Sahne verfeinern.
Spargel in Stücke schneiden, Spitzen dabei ca. 7 cm lang lassen. Alles gemeinsam anrichten.

LANDGASTHOF ZUR BRÜCKE

ten mit Trüffeljus, Gemüsenest und Sesamschupfnudeln oder Lasagne vom Kalbsbries zeigen den Einfallsreichtum des kreativen Kochkünstlers, der sich nach Stationen in Nürnberg und Bamberg 1996 in Wiesentheid niederließ. Neben dem Feinschmecker-Menü werden ein fränkisches und ein Fisch-Menü offeriert, dazu gibt es täglich wechselnde Empfehlungen, die der Saison Rechnung tragen. So

Wiesentheid kann gleich mit zwei Sehenswürdigkeiten aufwarten: der barocken, von Balthasar Neumann entworfenen St. Mauritius-Kirche und dem Renaissance-Schloss der Grafen von Schönborn. Feinschmecker lockt jedoch der Landgasthof Zur Brücke von Bernd und Ute Fischer. Das imposante Bruchsteinhaus, mit denkmalgeschützter Fassade und einem eleganten, stilsicher dekorierten Ambiente hat sich als herausragende Adresse für eine gehobene Küche mit der extravaganten Variation hochwertiger Grundprodukte etabliert. Bernd Fischers variantenreiche Kochkunst verschreibt sich dem Angebot der jeweiligen Saison und verbindet ebenso harmonisch wie aromenreich Franken mit leichten, mediterranen Einflüssen. Nüsschen vom Damwild unter Pinienkernkruste auf Wildpreiselbeersauce, Filet vom fränkischen Freilandrind auf sautierten Rotweinschalot-

Landgasthof Zur Brücke

Marienplatz 2
97353 Wiesentheid

Telefon: 09383/99949
Telefax: 09383/99959

Ruhetag: Mittwoch

zum Beispiel der mit Steinpilzen gefüllte Ochsenschwanz, Bärlauchsüppchen mit Spargelkrapfen, gebratene Leber vom Steigerwaldreh auf Champagnerlinsen oder Erdbeeren im Schlafrock auf Grand-Marnier-Spiegel und hausgemachtem Spargeleis. Wer Fisch präferiert, der kann zwischen so abwechslungsreichen Gerichten wie Riesengarnelen im Rosmarin-Speckmantel auf schaumiger Hummerbuttersauce, Filet von

Steinbeißer und Flusskrebs in Nussbutter auf leichter Bärlauchsauce oder Rotbarbe mit Trüffelkruste auf Petersilienwurzelpüree und schaumiger Safransauce wählen.
Sämtliche der hochwertigen Weiß- und Rotweine stammen vom Weingut Joachim Fischer, dem Bruder Bernd Fischers, ebenso die feine Auswahl an fränkischen Edelbränden. Gemeinsam veranstalten die beiden am 2. Wochenende im Juli ein Gourmet-Weinfest, an dem es zu Live-Musik und Frankenwein auch Köstlichkeiten wie frische Enten vom Spieß, geräucherte Bachforellen oder fränkischen Spießbraten gibt. Am Martinstag liest ein fränkischer Autor im Landhaus Zur Brücke aus seinen Werken und ein begleitendes Menü vereint Literatur mit Lukullus.
Wie gut, dass das sympathische Ehepaar Fischer auch noch über einige gemütliche Gästezimmer verfügt, die es ermöglichen, noch ein wenig länger in Mainfranken zu verweilen.

Geschmorte Haxe und Rücken vom Steigerwald-Lamm mit Schalotten-Rosmarinsauce

Zutaten

Marinade
2 Knoblauchzehen
je 1 EL Thymian- u. Rosmarin
100 g Senf
200 ml Olivenöl

4 Lammhaxen
1 Lammrückenfilet, ca. 300 g
400 g Röstgemüse (Schalotten, Karotten, Staudensellerie)
2 EL Tomatenmark
400 ml Spätburgunder
1 l Lamm- oder Kalbsfond
10 Pfefferkörner
3 Lorbeerblätter
1 Rosmarinzweig
10 Korianderkörner
Olivenöl, Butter
Salz, Pfeffer

Zubereitung

Alle Zutaten der Marinade im Mixer pürieren. Lammhaxen von allen Seiten in der Marinade wenden und für 2 Std. abgedeckt kühl stellen. Dann im Bräter rundum in Olivenöl anbraten, Röstgemüse zugeben, anrösten, Tomatenmark zufügen, mit Wein ablöschen und glacieren, dann Fond und Gewürze zugeben und im Ofen zugedeckt bei 160° ca. 2 Std. schmoren. Haxen warm stellen. Fond durch ein feines Sieb passieren, evtl. etwas einkochen, mit Salz u. Pfeffer abschmecken. Lammfilet sauber parieren, salzen, pfeffern. In einer Pfanne Olivenöl u. Butter aufschäumen lassen, Filet rundherum anbraten (sollte innen noch blutig sein), mit der Marinade bestreichen und im heißen Backofen bei Oberhitze goldbraun überbacken. Herausnehmen und ruhen lassen.

Rödelseer Tor und Mittagsturm

zu lernen, ist die Vinothek am Marktplatz. Hier bekommen Sie einen Überblick über die hiesigen Winzer und ihre Weine sowie die renommierten Weinlagen rund um Iphofen, die dafür sorgen, dass das idyllische Weinstädtchen weltweit einen hervorragenden Ruf genießt.

Dieser wird auch durch zwei besondere Ereignisse repräsentiert: die Fränkische Feinschmeckermesse, welche die reichen Gaben und hochwertigen Erzeugnisse dieser Region auf hohem kulinarischem Niveau vorstellt, und die Iphöfer Weinfreundschaften, eine lukullische Vereinigung von namhaften hiesigen und internationalen Winzern und Gastronomen.

Genuss wird in Iphofen eben ganz groß geschrieben!

Iphofen steht für Weinkultur auf hohem Niveau, Esskultur mit anspruchsvoller Gastronomie, vielfältige Kunst- und abwechslungsreiche Kulturangebote. Diese Trilogie scheint im 741 erstmals erwähnten Iphofen allgegenwärtig.

Das historische Stadtbild wird geprägt durch denkmalgeschütztes Fachwerk, den Marktplatz mit dem schmucken Barock-Rathaus, die gotische Kirche St. Veit mit ihrer Riemenschneider-Figur, das Bürgerspital mit der Spitalkirche, prachtvolle Bürgerhäuser, das bedeutende Knauf-Museum mit Exponaten aus fünf Jahrtausenden und vier Erdteilen – sowie der einzigartigen Stadtbefestigung mit den drei imposanten Doppeltoranlagen, z. B. dem prächtigen Rödelseer Tor.

Bester Startpunkt, um das mittelalterliche Städtchen am Fuß des Schwanbergs kennen

Tourist Information Iphofen

Kirchplatz 7
97346 Iphofen

Telefon: 09323/870306
Telefax: 09323/870308

Im Jahr 1985 erwarben Theo und Sabine Mandel in Herpersdorf im Steigerwald einen leer stehenden Hof ohne Wasser- und Stromversorgung und renovierten ihn mit viel Engagement und Eigeninitiative. Dann begannen sie mit vier Frankenziegen, einer Rasse, die sich durch kurzes, glattes, rehbraunes Haar mit schwarzem Aalstrich auszeichnet und zu den alten, gefährdeten Haustierrassen gehört, die Zucht. Heute tummeln sich 80 Tiere auf den satten Weiden und würzigen Kräuterwiesen, die auch das Futter für den Winter spenden.

Die Käseherstellung erfolgt nach den Richtlinien von Demeter, ohne Konservierungsstoffe und chemische Zusätze. Natürliche Säurebakterien und Naturlab lassen die frische Ziegenmilch

gerinnen. Hat sich der Bruch von der Molke abgesetzt, wird er in leckere Käsesorten verwandelt, die im Naturkeller zu ihrem vollen Aroma heranreifen: vom Ziegenkefir über Ziegengouda bis zu köstlichem Frischkäse und Ziegenweichkäse mit Camembertschimmel oder Kräutern. Auch Salami, Schinken und vakuumverpackte Teile von der Ziege kann man erwerben.

Die vier Kühe des Hofes sorgen für ein weiteres Sortiment an leckerem Kuhkäse. Ob Camembert, Bergkäse, Blauschimmelkäse, Schwäbischer Most- und Winzerkäse, Sauerrahmtaler, Steigerwälder und Aischtaler: Die Käsespezialitäten der Familie Mandel sind ein Muss für Käse-Feinschmecker, nicht nur in Franken.

Ziegenhof im Steigerwald

Herpersdorf 20
91483 Oberscheinfeld

Telefon: 09162/7619
Telefax: 09162/1629

ROMANTIK HOTEL UND WEINGUT ZEHNTKELLER

Romantik Hotel und Weingut
Zehntkeller

Bahnhofstraße 12
97343 Iphofen

Telefon: 09323/844-0
Telefax: 09323/844-123

„Das größte Glück für ein Volk ist eine ‚gesunde Wirtschaft'". Ich wünsche dem Zehntkeller, dass er immer eine gute ‚Wirtschaft' bleiben möge." Ludwig Erhard schrieb diese Worte am 2. Oktober 1958 in das Gästebuch des Romantik Hotels und Weingutes Zehntkeller im romantischen Iphofen.

Dieser Wunsch ging in Erfüllung. Der Zehntkeller präsentiert sich als Traditionshaus von weit reichendem Ruf und hohem Anspruch. Stolz und imposant residiert der weitläufige Gebäudekomplex im Herzen der Weinstadt, schon die Einfahrt durch das mächtige schmiedeeiserne Tor mit seinem Wappen verweist auf eine lange Geschichte. 1436

erstmals erwähnt, diente der Besitz dem Augustinerkloster Birklingen als „Mönchshove" und Konventssitz, dem Hochstift Würzburg als Amtshaus und schließlich unter der Verwaltung des Würzburger Juliusspitals als Amtssitz des Zentgrafen und als Zentgericht. Seit nunmehr drei Generationen steht es unter der Ägide der Familie Seufert, die es zu einem anspruchsvollen Hotel ausbaute, das mit vielen Kostbarkeiten aus Küche und Keller aufwarten kann.

Die Gäste, viele davon kommen seit Jahrzehnten regelmäßig nach Iphofen, schätzen die vertrauensvolle und herzliche Gastlichkeit des Familienbetriebes und das zuvorkommende und äußerst freundliche Service-team des Hauses, das jeden Wunsch zu er-füllen versucht.

Die Zimmer und Suiten des Hauses, die sich auf mehrere Gebäude verteilen, sind alle-samt komfortabel, stilvoll und mit warmen, mediterranen Farben und französischen Möbeln eingerichtet.

In jeder Ecke des Hauses greifen Antiquitä-ten und kunstvoll arrangierte Accessoires die lebhafte Vergangenheit des Zehntkellers auf. Eine Reminiszenz an die Vergangenheit ist auch der einstige Klostergarten, in dessen Mitte ein rosenumrankter Brunnen dem oh-nehin idyllischen Anwesen echte Romantik verleiht. Nicht selten feiern Paare hier den schönsten Tag ihres Lebens, steht ihnen schließlich sogar ein eigenes Hochzeitshäus-chen zur Verfügung.

An der einstigen Klostermauer versprüht der Kräutergarten seinen würzigen Duft, gleich daneben wächst heimisches Beerenobst, das sich beim abwechslungsreichen Frühstücks-büfett in Form von köstlichen Konfitüren wiederfindet.

Die Gasträume sind edel-rustikal mit viel

Törtchen vom Kalbskopf mit gebeizter Lachforelle und Ruccolapesto

Zutaten

600-800 g Lachforelle
500 g Kalbskopf, gekocht, gewürfelt
je 1 EL Petersilie u. Estragon, gehackt
ger. Muskatnuss
1 Ei
Paniermehl
Öl

Gewürzbeize
280 g Meersalz
200 g brauner Zucker
je 8 g schwarzer Pfeffer u. Korianderkörner
1 Nelke
je 6 g Pimentkörner u. Wacholderbeeren
je 5 g Thymian u. Fenchelsamen
2 Lorbeerblätter

10 g Sternanis
Pesto
1 Bd. Ruccola
180 ml Olivenöl
je 40 g Pinienkerne u. geriebener Parmesan
1 Knoblauchzehe
Salz, Pfeffer

Garnitur
Friséesalat
4 Kirschtomaten
Traubenkernöl, Lorbeeressig

Zubereitung

Alle Zutaten der Gewürzbeize in der Küchenmaschine kurz mixen. Lachs-forelle beidseitig damit würzen, in Klarsichtfolie einschlagen und ca. 1/2 Tag im Kühlschrank marinieren. Danach kalt abspülen. (Gewürzmi-schung kann im geschlossenen Glas noch länger aufbewahrt werden.) Kalbskopf möglichst noch warm sau-ber parieren, mit Salz und Pfeffer würzen, mit Petersilie, Estragon und Muskat bestreuen. Zunächst in Frischhalte-, dann in Alufolie zu einer Roulade zusammenrollen und kalt stellen. Die erkaltete Roulade in 8 ca. 1 cm dicke Scheiben schneiden, erst in verschlagenem Ei, dann in Panier-mehl wenden und in Öl ausbacken. Ruccola, bis auf einige Blätter für die Garnitur, klein schneiden, mit den restlichen Pesto-Zutaten im Mixer pürieren.

Je 2 Kalbskopfscheiben abwechselnd mit Scheiben der gebeizten Lachs-forelle übereinander legen. Mit Pesto, Ruccola, Kirschtomaten und Frisée-salat sowie Traubenkernöl und Lor-beeressig abrunden.

ROMANTIK HOTEL UND WEINGUT ZEHNTKELLER

Charme traditionell und fränkisch eingerichtet. Auf der Terrasse kann man unter Weinranken die Spezialitäten der aromenreichen Zehntkeller-Küche sowie die hervorragenden Weine des hauseigenen Weingutes genießen.

Die kulinarische Palette gestaltet sich einfallsreich, ebenso regional wie international, fantasievoll variiert und dem saisonalen Jahresablauf folgend. Küchenchef Werner Düring sieht sich dem Haus, das für viele Gäste eine „fränkische Institution" ist, verpflichtet, verweigert sich aber den Köstlichkeiten aus aller Welt nicht. Spargel und Gemüse aus dem Maintal, Wild und Ziegenkäse aus dem Steigerwald, Fleisch

vom Metzger des Ortes sowie heimische Süßwasserfische stehen ebenso auf der Speisekarte wie exotische Seefische, Krustentiere und Trüffel. Obwohl die Heimat Franken bei der Speisenkonzeption immer im Vordergrund steht, macht der lukullische Blick über den Tellerrand gerade die Attraktivität der Zehntkellerküche aus. Der gebratene Bachsaibling schmiegt sich an Rotweinbutter mit Schalotten und Petersilienkartoffeln, die Lammhaxe an Rosmarinjus vereint sich mit mediterranem Gemüse und gebratener Polenta, die geschmorte Rinderwade begeistert mit Rotwein-Feigen-Sauce, jungem Kohlrabi und geschmelzten Nudeln. Ach die Kalbskutteln in Balsamico-Essig-Sauce mit Pilzen, Tomaten und Oliven beweisen, wie harmonisch die Verschmelzung von launigen fränkischen Schmankerln und lustvoll leichter

Kochkunst hier gelingt. Dies gilt auch für das kleine 3-Gang-Menü und das Romantik-Menü mit sechs erlesenen Gerichten, die zum Beispiel einen in Tomaten-Kapern-Butter gebratenen Rochenflügel mit Trevisano, ein Lammkarree unter der Kräuterkruste vereint mit Kartoffel-Oliven-Gratin sowie Safraneis mit karamellisiertem Ananastörtchen, süßem Pesto und gerösteten Pinienkernen oder franz. Rohmilchkäse offenbaren. Zum krönenden Anschluss ist dann einer der feinen Edelbrände aus der familieneigenen Hausbrennerei genau das Richtige ... Feinschmecker reisen wegen dieser Gaumenfreuden, Weinkenner wegen des renommierten Weingutes an. Die 15 ha Rebfläche erstreckt sich über beste Lagen auf dem Schwanberg wie dem Iphöfer Kalb, Kronsberg oder Julius-Echter-Berg. Alle klassischen Franken vom Müller-Thurgau über Silvaner und Bacchus bis zu Riesling und Spätburgunder werden auf hohem Niveau – nach dem Motto: Qualität vor Menge – ausgebaut und zumeist im klassischen Bocksbeutel angeboten. Auch elegant moussierende Riesling Sekte sowie ausgefallene edelsüße Raritäten umfasst das Angebot.

Sorgfältige Pflege im Weinberg, ein zeitgemäßer und sortentypischer Ausbau mithilfe moderner Kellertechnik und eine langsame und adäquate Reifezeit bringen geschmacksintensive, aromenreiche Weine mit langer Lebensdauer hervor.

Natürlich kann man sie alle im Hotel und Restaurant Zehntkeller genießen. Sehr angenehm fällt dabei auf, dass auch hochwertige Tropfen offen angeboten werden. Doch auch die informativen Weinproben im urigen Keller des Zehntkellers sind ein lohnendes Erlebnis.

Tucholsky meinte einst, als er die Weine des Zehntkellers im Rahmen einer solchen Weinprobe mit viel Begeisterung genoss: „Schade, dass man einen Wein nicht streicheln kann!"

Dem ist nichts hinzuzufügen.

HOTEL LÖWEN

prachtvollen Fachwerkfassade auf sich aufmerksam. Auch im Inneren empfängt eine gelungene Mischung aus Geschichte und Moderne den Besucher. Knarrende Treppen, verwinkelte Flure und historische Zimmer verweisen eindrucksvoll auf die über 550-jährige Vergangenheit als Herberge. Wo einst König Ludwig I. und die Fürsten von

Schwarzenberg residierten, lässt es sich noch heute – ganz romantisch im Himmelbett oder sehr elegant im Fürstenzimmer – komfortabel nächtigen.

Seit 1920 ist das sehenswerte Haus im Besitz der Familie König, die auf herzliche, natürliche Art für eine familiäre Atmosphäre und viel Wohlfühl-Ambiente sorgt.

In den gastlichen und liebevoll dekorierten Räumen wird eine regionale, frische Küche serviert, die sich vom saisonalen Warenan-

Hotel Löwen

Marktstraße 8
97340 Marktbreit

Telefon: 09332/50540
Telefax: 09332/9438

Das altehrwürdige Hotel Löwen in Marktbreit gehört, neben dem Renaissance-Rathaus, der Nikolaikirche und dem Seinsheimer Schloss, als zweitältestes Gasthaus Bayerns zu den Sehenswürdigkeiten des idyllischen Mainstädtchens Marktbreit. Schon von weitem macht die einstige fürstlich schwarzenbergische Herrschaftsherberge mit seiner

gebot leiten lässt. Zeitgemäß wie traditionell, stets frisch und ideenreich präsentiert sich die Speisenkarte.

Fränkischer Sauerbraten, Jungschweinebraten in Biersoße und Fränkische Weinnudeln sind dort neben herzhaftem Hasenpfeffer, mit Äpfeln und Rosinen gefüllter Bauernente und Hirschbraten in Sauerkirschsoße zu finden. Über den fränkischen Tellerrand schaut der mediterran zubereitete Zander vom Grill auf Lauchstreifen, die gefüllte Lammroulade auf Ratatouille oder das hanseatische Schollenfilet „Finkenwerder Art". Als Nachtisch stehen so verheißungsvolle Leckereien wie fränkischer Pfannkuchen mit Zwetschgenmus, hausgemachter warmer Apfelstrudel oder Armagnacpflaumen auf Walnusseis zur Auswahl.

Im Sommer lockt die mediterran anmutende Terrasse ins Freie; hier, im Herzen Weinfrankens, schmecken die heimischen Tropfen gleich noch mal so gut. 25 offene Weine und über 30 Bocksbeutel offeriert die Weinkarte, die sich den renommierten Winzern der Region verschrieben hat.

Nicht nur satt soll der Gast sein, sondern

auch zufrieden und froh – eine seit Jahrhunderten gepflegte familiäre Gastlichkeit schwingt mit, wenn Familie König die Philosophie ihres Hauses umschreibt.

Wer gerne länger in den historischen Mauern verweilen möchte, dem empfiehlt sich eines der abwechslungsreichen Arrangements des Hauses, die Geschichte, Romantik und lukullische Freuden aufs Beste miteinander zu verbinden wissen.

MARKTBREIT

Roulade von Lachs & Zander auf Dillrahmsauce

Zutaten

4 Zanderfilets à 150 g
500 g Blattspinat
300 g Lachsfilet
1 Ei
Sahne, Salz, Pfeffer
40 g Butter
30 g Mehl
200 ml Milch
100 ml Sahne
frischer Dill

Zubereitung

Zanderfilets nebeneinander auf eine Frischhaltefolie legen und salzen. Spinat blanchieren und gleichmäßig auf den Filets verteilen. Lachs durch den Fleischwolf drehen und kalt stellen. Diesen Vorgang noch zweimal wiederholen. Masse dann mit Ei, Sahne, Pfeffer und Salz vermengen und auf den Spinat geben. Mit Hilfe der Folie alles vorsichtig zu einer Roulade zusammenrollen und dann ganz fest mit Alufolie umwickeln, die Enden zusammendrehen. Die Fischroulade ins heiße Wasserbad geben und ca. 25 Min. garen. Butter andünsten, Mehl zufügen, mit Milch aufgießen und aufkochen lassen. Sahne und feingehackten Dill dazugeben, mit Salz und Pfeffer abschmecken. Die in Tranchen aufgeschnittene Zanderroulade auf der Dillrahmsauce mit Spargelspitzen anrichten. Dazu passt Wild- und Patnareis.

GASTHOF ZUM BÄREN

alle Blicke auf sich. Am Ende der gemütlichen, von Fachwerk umsäumten Gassen, gleich hinter einem der trutzigen Stadttore, lädt der Gasthof Zum Bären zum Verweilen ein. Mit der Übernahme des Traditionshauses erfüllte sich Dagmar Wagenpfahl 1996 ihren Kindheitstraum. Als man der Hotelkauffrau die Pacht des geschichtsträchtigen Gasthofes, der im Besitz der Oechsner-Brauerei ist, anbot, zögerte die Ochsenfurterin keine Sekunde.

Sowohl die Menüs als auch das À-la-carte-Angebot und die saisonal ausgerichteten Tagesempfehlungen gestalten sich mal fränkisch bodenständig, mal italienisch, mal euro-asiatisch. Diese abwechslungsreiche Mischung hält vom Tunfischcarpaccio auf Ruccola-Salat über Spaghetti mit Kaninchenbolognese bis zur fränkischen Lammhaxe mit Bärlauch und Bohnen-Tomaten-Gemüse eine ideenreiche Speisenauswahl bereit.

Mitten im Herzen Weinfrankens steht natürlich der Bocksbeutel auf der Weinkarte ganz oben, und die offerierten Weine korrespondieren auch ganz vorzüglich zu den frischen

Gasthof Zum Bären

Hauptstraße 74
97199 Ochsenfurt

Telefon: 09331/866-0
Telefax: 09331/866-405

Ruhetag: Montag

Das Mainstädtchen Ochsenfurt besticht als sehenswerte Station der Bocksbeutelstraße vor allem durch das prächtige rote Neue Rathaus mit der großzügigen Freitreppe und dem hübschen Staffelgiebel. Besonders das Türmchen des spätgotischen Bauwerkes, in dem zur vollen Stunde zwei Ochsen aufeinandertreffen, begleitet von Ratsherren und Gevatter Tod mit seinem Stundenglas, zieht

OCHSENFURT

Kalbstafelspitz mit Estragon-Senfsauce

Zutaten

800 g Kalbstafelspitz
2 große Karotten
1 Stange Lauch
150 g Sellerie
2 Zwiebeln
Salz
schwarze Pfefferkörner
Lorbeer
Senfkörner
Thymian
1 Knoblauchzehe
4 EL Estragonsenf
250 ml süße Sahne
Mehl, Butter

Zubereitung

heimischen Grundprodukten der Bären-Küche wie dem Schwäbisch-Hällischen Landschwein, Geflügel sowie Zicklein und Lamm von Erzeugern direkt aus der Region. Am 1. Septemberwochenende heißt es: Auf zum Ochsenfest in Ochsenfurt! Traditionell gibt es dann im Gasthof Zum Bären gegrillte Enten und Gänse. An Ostern bietet Dagmar Wagenpfahl ein umfangreiches Osterbüfett, im Sommer veranstaltet sie auf ihrer schönen Gartenterrasse Grillabende. Jeden Dienstag wird es rustikales, z. B. beim zünftigen Spanferkelessen, und im Winter lädt der Freitagabend zum romantischen Candle-Light-Dinner ein. Regelmäßig macht das Gasthaus Zum Bären mit Aktionswochen zu einem bestimmten Thema auf sich aufmerksam, dann stimmen kulinarisches Angebot und Ambiente perfekt überein. Da kann es schon mal vorkommen, dass eine Fränkin im Kimono Köstlichkeiten aus Fernost kredenzt …

Kein Wunder also, dass das junge und sympathische Team um Dagmar Wagenpfahl in der Region auch als einfallsreicher Party-Service für Familienfeiern und Betriebsfeste einen guten Namen hat.

Den Tafelspitz anbraten, dann mit dem gewaschenen und klein geschnittenen Gemüse und den Gewürzen in 2 l kochendes Wasser geben. Aufkochen lassen, abschäumen und bei leicht geöffnetem Deckel ca. 45 Minuten sieden lassen. Fleisch herausnehmen und warm stellen. Brühe abpassieren.
Davon dann 0,4 l Brühe abmessen, Sahne hinzufügen, mit Mehlbutter (1 Teil Mehl mit 1 Teil Butter verkneten) abbinden und Estragonsenf dazugeben, aufmixen und abschmecken.
Das Fleisch in dünne Scheiben schneiden und mit der Sauce anrichten. Dazu reicht man im Gasthof Zum Bären Bandnudeln oder Dampfkartoffeln und frisches Marktgemüse.

Das Liebliche Taubertal präsentiert auf 120 Kilometern zwischen
Rothenburg im Süden und Wertheim
im Norden – hier fließt die Tauber
in den Main – eine bezaubernde und
wahrhaft „liebliche" Landschaft, die
von Fachwerk, Burgen, Schlössern
und urigen Weindörfern geprägt
wird. Viele Sehenswürdigkeiten
und malerische Flecken können
entlang der Romantischen Straße,
der Burgenstraße und der Nibelun-
gen- und Siegfried-Straße erkundet
werden.
Wald, Wiesen und Weinberge (den
roten Tauberschwarz finden Weinkenner nur hier) prägen das Gesicht
der Landschaft entlang der Tauber.
Die Hügel sind sanft geschwungen,
die Tauber fließt gemächlich dahin.
Und immer wieder machen herausragende kulturhistorische Denkmäler
auf sich aufmerksam.
Schloss Weikersheim, 1587 von
Graf Wolfgang II. von Hohenlohe
als prunkvolles Renaissanceschloss
erbaut, ist eines der kulturellen
Highlights dieser Region. Eine Führung durch die glanzvollen Räume,
wie dem Rittersaal mit seiner prächtigen Kassettendecke und Tier-Reliefs
aus Stuck, dem edlen Audienz-
zimmer oder dem schmucken
Spiegelkabinett, ist unbedingt empfehlenswert. Der Park mit seinen
Figuren, Brunnen und der erhabe-
nen Orangerie bietet ein heraus-
gendes Beispiel für barocke Garten-
kunst. Die Alchimistenausstellung in
der großen Schlossküche klärt über
die große Leidenschaft von Graf
Wolfgang II. auf. Er war einer der
bekanntesten Alchimisten seiner
Zeit und keineswegs ein Verfechter

Weinbaumuseum in der Burg Brattenstein und der Museumsweinberg Wissenswertes rund um den kostbaren Rebensaft näher. Aub darf sich bereits seit 1404 Stadt nennen. Besonderer Anziehungspunkt ist die Pfarrkirche Mariä Himmelfahrt, frühgotisch erbaut, mit einem prachtvollen Hochaltar aus dem Frühbarock (1682) sowie der Kreuzigungsgruppe von 1515 aus der Meisterhand Tilman Riemenschneiders. Am Marktplatz warten Marienbrunnen und –säule sowie schöne Bürgerhäuser und das spätgotische Rathaus, das sogar noch über einen Pranger verfügt.

Orangerie Schloss Weikersheim

dunkler Mächte, sondern eher ein Vorreiter der modernen Naturwissenschaft. Wissenswertes über den Grafen und seine alchimistischen Experimente wird hier anschaulich näher gebracht.

Auch das über 1200-jährige Weikersheim selbst, das den Stammsitz des Hauses Hohenlohe schützend umgibt, ist mit dem Tauberländer Dorfmuseum sowie dem Stadtbrunnen und pittoresker Fach-

werkromantik rund um den Marktplatz sehenswert.

Nach Creglingen zieht es Kunstkenner wegen der Herrgottskirche mit ihrem berühmten Marienaltar (1502-05) von Tilman Riemenschneider. Das nahe Zisterzienserinnenkloster im Ortsteil Frauental, eine Stiftung der Grafen von Hohenlohe, aus dem Jahr 1232 präsentiert eine schön restaurierte Abtei und Kirche. Heute zeigt hier ein Museum den Wandel vom Kloster zum Dorf nach der Reformation. In Röttingen bringen das

Hoch über der Stadt thront die Ruine der Reichelsburg.

Die Kurstadt Bad Mergentheim wird geprägt von der weithin bekannten Residenz, die von 1525-1809 den Hoch- und Deutschmeistern des Deutschen Ordens als Sitz diente. Heute beherbergt die stattliche Schlossanlage im Renaissance-Stil das Deutschordensmuseum. Sehenswert auch der wertvolle Münsterschatz in der kath. St.- Johannes-Kirche, die mit zahlreichen Zeugnissen religiöser und weltlicher Kunst das Auge begeistert. Auch

Schloss Weikersheim

Schloss Weikersheim

die „Stuppacher Madonna", ein bedeutendes Gemälde von Matthias Grünewald, gehört zu den Bad Mergentheimer Kunstschätzen. Tauberbischofsheim glänzt mit seinem Kurmainzischen Schloss und hübschen barocken Weinhändlerhäusern.
Und nach aller Kultur laden kleine, gemütliche Winzergemeinden wie Beckstein, Lauda-Königshofen oder das Fachwerkdorf Tauberzell mit seiner berühmten Weinlage „Hasennestle" zum Verweilen und Genießen ein.

ROMANTIK HOTEL VICTORIA

**Romantik Hotel & L'Art
de Vivre Gourmet-Residenz
Victoria**

Poststraße 2-4
97980 Bad Mergentheim

Telefon: 07931/593-0
Telefax: 07931/593-500

Ruhetage Zirbelstube:
Sonntag, Feiertag

Das Flair eines eleganten Grand-Hotels, gepaart mit familiärer Gastlichkeit, eine Gourmet-Küche, die ihren ganz eigenen Hohenlohe-Fränkischen Zauber voll lukullischer Kreativität entfaltet, eine Oase der Ruhe inmitten des Trubels der Kurstadt und nicht zuletzt ein ebenso zeitgemäßes wie legeres Wohlfühl-Ambiente, weit entfernt von steifer Noblesse: Das renommierte Hotel Victoria im Herzen Bad Mergentheims, seit 75 Jahren im Besitz der Familie Geisel, besticht durch seinen einzigartigen Charme. Trotz Komfort, Stil und dem eleganten Interieur der L'Art-de-Vivre-Gourmet-Residenz schwingt stets die Philosophie mit, die Otto und Evelyn Geisel gemeinsam mit ihren Mitarbeitern herzlich und natürlich vermitteln: Wir geben unseren Gästen ein Zuhause auf Zeit!
Dazu gehört auch, dass man Chefkoch Hu-

bert Retzbach bei seiner Arbeit zusehen darf. Ein Blick, der die Vorfreude auf kommende Gourmandisen genüsslich steigert. Seit nunmehr 21 Jahren zeichnet der sympathische Küchenchef nun schon für die hoch gelobte Küchenkunst des Hauses verantwortlich, seit

über zehn Jahren glänzt der Michelin-Stern über dem Haus, ergänzt von zahlreichen Kochlöffeln und -Mützen. Damit gehört das Hotel Victoria zu den ersten Gourmet-Adressen der Nation.

Während in der Vinothek mit ihrer kreativ-leichten multikulturellen Speiseauswahl und den anspruchsvollen Weinen, die auch einen optisch gelungenen Rahmen bilden, das junge, elanvolle Küchenteam in der offenen Show-Küche mit einem eindrucksvollen Blick hinter die Kulissen begeistert, wird in der stilvollen Zirbelstube die hohe Kochkunst zelebriert. Einfallsreich und selbstbewusst kreiert Hubert Retzbach hier mit den Spitzenprodukten der fruchtbaren Region Hohenlohe-Franken ideen- und aromenrei-

che Gerichte, die mit den Küchen dieser Welt korrespondieren. Inmitten von dunklem, warmem Zirbelholz und moderner Kunst an den Wänden, die dem Traditionsraum das gewisse, zeitgemäße Etwas verleihen, wird der heimische Flusszander, in Pergament gedämpft, auf Blattspinat mit sonnengetrockneten Tomaten und Kapernbeeren im Olivenöl-Fond serviert. Das Taubenkotelett präsentiert sich mit Sommertrüffeln auf Schwarzwurzeln, das „Boeuf de Hohenlohe" kommt als Ochsenschwanz und Filet, pochiert in Barolo, daher, Ravioli von getrockneten Jakobsbirnen mit altem Balsamessig oder Rharbarber-Törtchen mit Pfefferkrauteis krönen den Hochgenuss. Dieser Mut zum Regionalen, harmonisch ergänzt von perfekt komponierten Geschmackswelten, macht das Hotel Victoria zu einer Ausnahmeerscheinung in der deutschen Gourmetlandschaft.

Canneloni vom Kalbskopf mit Perlgraupen

Zutaten

100 g Perlgraupen
20 g Butter
1 EL Schalottenwürfel
30 g geräucherter Schweinebauch
6 cl Weißwein
1/4 l Brühe
200 g Sahne
Salz, Pfeffer
1 EL geschl. Sahne
80 g Lauchrauten
1/2 Kalbskopf
je 80 g Lauchjulienne u. Baumpilze
frischer Koriander
Pfefferkörner, Lorbeer, Nelken, Korianderkörner

Zubereitung

Graupen abspülen, ca. 2 Std. in kaltem Wasser quellen lassen, dann absieben. Mit Butter, Schalotten, Speck in eine Sauteuse geben, ca. 1 Min. farblos anschwitzen, mit Weißwein und Brühe aufgießen. Ca. 15 Min. sieden lassen. Nun Sahne und blanchierte Lauchrauten zugeben und cremig gar kochen. Salzen, pfeffern und mit geschl. Sahne montieren.
Füllung: Kalbskopf mit Gewürzen ca. 2 Std. kochen. Fleisch von Knochen und Schwarte befreien, klein würfeln. Lauchjulienne blanchieren, Baumpilze würfeln, in Butter anbraten.
Für die Cannelloni Nudelteig dünn ausgerollt in 12 Teigflecken schneiden, in kochendem Salzwasser kurz aufkochen, dann abschrecken, auf einem Tuch ausbreiten, mit Kalbskopffüllung belegen und einrollen. Nebeneinander in eine geölte Form legen, mit etwas Butter bestrichen abgedeckt im Ofen erwärmen.

DAS WEINGUT IN DEN REBEN BENZ

Weingut BENZ Beckstein

Im Walterstal 1
97922 Lauda-Königshofen

Telefon: 09343/4523
Telefax: 09343/58388

Zwischen sanften Hängen und der gemächlich dahinfließenden Tauber gedeiht im lieblichen Taubertal auf gut 1100 ha Rebfläche von Rothenburg bis Wertheim eine Fülle von hochwertigen Rebsorten. Das Weingut Benz residiert, leicht erhöht mit einem beeindruckenden Blick hinab ins Taubertal, gleich am Ortseingang von Beckstein (Hinweisschild folgen) und bietet die typische Sortenvielfalt dieser Region. Neben den klassischen Rebsorten wie dem Tauberschwarz, einem vollmundigen dunklen Rotwein, der hier seit Jahrhunderten angebaut wird, Schwarzriesling, Müller-Thurgau, Riesling und Silvaner bauen Hubert und Renate Benz auch neue Rebsorten wie den Regent, eine pilzresistente Rotwein-Rebe, und Johanniter, der ebenfalls keinen Pflanzenschutz benötigt, mit viel Erfolg an. Auch

Cabernet Sauvignon, Weißen und Grauen Burgunder umfasst das Sortiment.

Hubert Benz, seines Zeichens Winzermeister, Weinbau- und Kellertechniker, legt großen Wert auf einen naturnahen, biologischen Weinbau. Viel Erfahrung und Sorgfalt im Weinberg, der möglichst naturbelassen mit Dauerbegrünung bewirtschaftet wird, und ein schonender Ausbau zeichnen seine überwiegend trockenen Weißweine und aromatischen, gehaltvollen Rotweine aus. Ein persönliches Verhältnis zu den Kunden, die aus ganz Deutschland regelmäßig zum Weingut Benz kommen, und die stete Fortentwicklung des Angebotes ist Familie Benz dabei besonders wichtig. Auch die drei Kinder helfen bereits tatkräftig mit: Corina bei Präsentationen und Events, Michael in Weinberg und Keller und der kleine Samuel assistiert der Mama.

Zu den Neuheiten zählt zum Beispiel der Pinot Rosé Winzersekt. Das edle Burgunder-Cuvée bietet mit seinem trocken-fruchtigen Geschmack eine Alternative zum bewährten „Weißen Tauber" von der Kerner-Traube. Als mediterrane Variante für heiße Tage eignet

sich der „stella secco", ein elegant-spritziger Qualitätsperlwein.

Für besondere Stunden empfiehlt Hubert Benz seine edlen Rotweine, Spätburgunder, Regent und Cabernet Sauvignon, die so lange im Barrique reifen, bis sie ihr Aroma voll entfalten. Doch der experimentierfreudige Winzer baut auch erfolgreich ausgesuchte Weißweine im Barrique-Fass aus. So waren Riesling Spätlese und Weißer Burgunder Spätlese von 2001 und 2002 Jahrgänge mit geringeren Erträgen, aber von sehr hoher Qualität, so dass sie durch die Lagerung im Barrique-Fass noch an Fülle und Dichte zulegten.

Eine Reihe von hochwertigen edelsüßen Weinen ergänzt das Angebot ebenso wie köstliche Trüffel mit weinigen Füllungen, hausgemachter Silvaner-Weinessig und Traubengelee. Obst von eigenen Streuobstwiesen und fränkische Wildfrüchte verwandelt Hubert Benz in exklusive Brände vom Weinhefe- und Traubenbrand über Roten Boskoop-Apfelbrand und Gelber Wildpflaume bis zu Topinambur und Williams Christ.

Auch einen Riesling-Weinaperitif und den im Barrique gereiften Spätburgunder-Rotwein-Likör umfasst die Auswahl.

Ihre Weinproben veranstaltet Familie Benz in der lichtdurchfluteten Turmstube oder der urigen Weinbergshütte direkt in den Weinbergen. Zu den alljährlichen Highlights im Weingut zählen das Hof-Weinfest am Muttertagswochenende und das „Kabarett in der Turmstube" im September. Bei Musik, Spaß und geselligem Miteinander kommen dann auch herzhafte tauberfränkische Gerichte auf den Tisch, die den Weingenuss vollenden.

Und wer noch ein wenig länger im Herzen des Taubertals verweilen möchte, dem bietet Familie Benz eine geräumige und gemütlich eingerichtete Ferienwohnung, die mit einem eindrucksvollen Blick in die idyllische Landschaft aufwarten kann.

LANDHOTEL EDELFINGER HOF

**Landhotel – Restaurant
Edelfinger Hof**

Landstraße 12
97980 Bad Mergentheim

Telefon: 07931/958-0
Telefax: 07931/958-222

Mit erhabenem Blick über das romantische Taubertal thront das schmucke gelbe Landhotel Edelfinger Hof direkt an der Romantischen Straße zwischen Tauberbischofsheim und Bad Mergentheim. Schon die weitläufige Hotelhalle umfängt den Besucher mit der hier allerorts umgesetzten Großzügigkeit: die gemütlichen Gaststuben, die Seminarräume und vor allem die modernen, komfortablen Hotelzimmer geben den Gästen viel Raum zum entspannten Genießen, kreativen Tagen und genussvollem Ausspannen in friedlicher Idylle.
Das kulinarische Angebot des Edelfinger Hofes ist von schwäbisch-fränkischer Gastlichkeit geprägt: Küche und Keller warten mit den Spezialitäten dieser vielseitigen Region auf: Die liebevolle Liaison Schwa-

bens und Frankens offenbart sich im abwechslungsreichen Speisenangebot: Ein Muss sind da natürlich die schwäbischen Maultaschen, der Zwiebelrostbraten oder der Filettopf „Sieben Schwaben", Franken tut das Seine dazu und liefert Wildgerichte vom

Spessartwild wie Braten von der Wild-schweinkeule mit Schupfnudeln oder einen zarten Rehbraten mit hausgemachten Spätzle sowie frische Taubertalforellen. Die gut-bürgerliche Küche des Hauses wird begleitet von Weinen anerkannter Weingüter des Taubertals und Unterfrankens.
Die Gäste, Geschäftsreisende, Tagungsgäste, Radtouristen und Kurzurlauber, genießen das kulinarische Angebot im edlen Land-hausstil-Ambiente, das sich architektonisch an den Landhäusern Österreichs und der Schweiz orientiert und viel Gemütlichkeit und wohnlichen Komfort ausstrahlt. Das

Restaurant, das zu jeder Tageszeit die Wün-sche der Gäste erfüllt, wird ergänzt durch das behagliche Kaminzimmer, die Theobald-stuben, die Sonnenterrasse vor dem Haus, und vom urigen Kreuzgewölbekeller, der ein ganz besonderes Ambiente ausstrahlt. Familie Motz prägt herzlich und professio-nell die Atmosphäre des Hauses und ist je-derzeit für ihre Gäste ansprechbar, die nicht selten gerne in das Landhotel wiederkom-men. Gelegenheiten dazu bieten das Hoffest des Landhotels im Sommer oder das traditio-nelle Kerwe-Essen zur Kirchweih im Herbst. Das ganze Jahr über überrascht Küchenchef Erwin Motz seine Gäste mit saisonalen Bon-bons, doch er nimmt seine Gäste auch gerne einmal mit auf eine kulinarische Europarei-se, die nach Spanien, Frankreich und Italien führt und die Spezialitäten dieser Länder ebenso genussvoll präsentiert wie die hiesi-gen Schmankerln. Gelegenheiten gibt es also viele, nun liegt es an Ihnen zu entscheiden, wann Sie einmal einkehren in das komfor-table Landhotel Edelfinger Hof im lieblichen Taubertal.

Schwabenteller

Zutaten

8 Schweinemedaillons
à 80 g
4 Rindermedaillons
à 80 g
4 Lammrückensteaks
4 hausgemachte Maultaschen
hausgemachte Spätzle
8 hausgemachte Schupfnudeln
Salz, Pfeffer
Mehl
Semmelmehl
1 Ei
Öl z. Frittieren, Bratfett

Garnierung
je 4 gegarte grüne Bohnen
u. Fingerkarotten
1/2 Zwiebel, in Streifen geschnitten
4 Zitronenscheiben
Rahmsauce mit Champions u.
Pfifferlingen
Bratensauce

Zubereitung

Rinder- und Schweinemedaillons leicht klopfen und, wie auch die Lammsteaks, salzen und pfeffern. 4 Schweinemedaillons mit Mehl, Ei und Semmelmehl panieren. Sämtliche Fleischstücke sowie die Maultaschen braten. Zwiebeln mit Mehl bestäuben und in heißem Öl frittieren. Spätzle und Gemüse erhitzen, Schupfnudeln in Fett ausbacken.
Anrichten: In die Mitte die Spätzle und darauf die Maultasche legen, mit Fleischstücken umlegen. Jeweils 2 Schupfnudeln, je 1 Karotte und Bohne zwischen die Fleischstücke legen. Auf das panierte Schweine-medaillon die Zitronenscheibe, auf das unpanierte Rahmsauce und auf das Rindermedaillon Bratensauce und Zwiebeln geben. Ausgarnieren.

FLAIR HOTEL LAURENTIUS

Die „Aromen von gestern mit der Leichtig-
keit von heute" stehen im Fokus der „Hohenloher Genießerküche" des Hauses, die der
Gast in der Brasserie, die mit dem hellen,
mediterranen Ambiente an ein französisches
Bistro erinnert, oder im eindrucksvollen
Gourmet-Gewölbe-Restaurant genießen
kann. Kerzenschein und eine stilvoll-klassi-
sche Dekoration lassen das Speisen zwischen
Steinmauern aus dem 17. Jh. zu einem
Erlebnis der Extra-Klasse werden.
Das Menü Hohenlohe verspricht saisonale
Produkte im zeitgemäßen Gewand, die Kar-
toffelmaultaschen betten sich auf aromatischen Schwäbisch-Hällischen Albschinken,
das im Tauberschwarz geschmorte Ochsen-
bäckle kommt mit Bohnenragout und
Bauernbrotauflauf auf den Tisch. Das Tauberfränkische Menü begeistert mit Aromen
und Geschmäckern der lieblichen Region,
startet ungeniert mit einer Tauberfränki-
schen Winzervesper, verpackt das Störfilet
in einen Laugenweck und vereint das Vor-
bachtaler Lamm-Karree mit einem Couscous aus Grünkern. Das Menü Laurentius
überrascht mit zeitgenössischen Interpreta-
tionen von Taube oder Gänseleber, Krusten-
tieren, Atlantikfischen und, je nach Saison,
Reh oder Kalb. Und lassen Sie unbedingt
Platz für die köstlichen Desserts wie z. B. der
mediterranen Impression, die beweist, dass
die geflämmte Minestrone von exotischen
Früchten aufs Beste mit Eiscreme von
schwarzer Olivenmarmelade harmoniert.
Jürgen Koch entwickelte seine kreative
Küchenkunst in einigen der besten Gourmet-
Restaurants der Welt, für einige Jahre war
er sogar als Privatkoch einer bekannten
Industriellen-Familie tätig.

Flair Hotel Laurentius

Marktplatz 5
97990 Weikersheim

Telefon: 07934/9108-0
Telefax: 07934/9108-18

Ruhetage Gewölbe-Restaurant:
Montag, Dienstag

Zu einer kulinarischen Entdeckungsreise
gehört in Weikersheim neben der Besich-
tigung des prachtvollen Renaissance-
Schlosses und den barocken Gartenanlagen
unbedingt auch ein Besuch des renommierten Flair Hotels Laurentius am historischen
Marktplatz. Das Gourmet-Restaurant von
Jürgen und Sabine Koch gehört zu den Top-
Adressen der deutschen Spitzengastronomie
und hat mit seiner eigenständigen und krea-
tiv-akzentreichen Küche die entscheidenden
Insignien der Kochwelt rund um Hauben,
Löffel und Punkte längst errungen.

Bachsaibling-Schupfnudeln

Zutaten

500 g gekochte, geschälte Kartoffeln
2 Eigelb
100 g Mehl
100 g geräucherter Bachsaibling
Butterschmalz
Pfeffer, Muskat, 1 EL Kerbel oder Dill
(je nach Geschmack)

Zubereitung

Die abgekühlten Kartoffeln (am besten vom Vortag) durch die Kartoffelpresse drücken, den Bachsaibling in kleine Würfel schneiden. Alle Zutaten miteinander vermengen.
Aus dem Teig ca. 2 cm dicke Rollen formen und diese in schräge, etwa 1 cm dicke Streifen schneiden. Mit bemehlten Händen auf dem Tisch rollen, „schupfen" und auf ein bemehltes randloses Blech geben. In siedendem Wasser 1-2 Minuten köcheln, dann mit dem Schaumlöffel herausnehmen und auf einem Blech etwas austrocknen lassen.
In Butterschmalz gleichmäßig goldgelb braten.
Die Bachsaibling-Schupfnudeln passen zu Baumpilzen mit Gemüsebrunoise, roh mariniertem Spargelsalat, rahmigem Rieslingsauerkraut oder Blattspinat mit Trockentomaten.

Wie schön, dass heute wieder jeder Feinschmecker in den Genuss der fantasiereichen Küche des Jeune Restaurateur D'Europe kommt.
Wer diese noch intensiver erleben will, dem empfiehlt sich eines der abwechslungsreichen Arrangements des Flair Hotels, ein Einkauf im hauseigenen „Hohenloher Marktlädle", das einige der Kostbarkeiten anbietet, die nebenan zu raffinierten Gerichten verwandelt werden, oder ein Besuch in der „Kochnische", wo man dem Küchenteam über die Schulter schauen oder im Rahmen eines Kochkurses gleich selbst mitkochen kann.

HOTEL GASTHOF KRONE

Als Dirk und Nadine Marquardt den Familienbetrieb mit dem Beginn des neuen Jahrtausends als 5. Generation übernahmen, prägten sie eine zeitgemäß-leichte Saisonküche, regional wie international inspiriert und aromenreich variiert. Die Produkte der fruchtbaren Region Hohenlohe-Franken sind die Basis für die fantasievollen Kreationen des Küchenchefs Dirk Marquardt, der sein Handwerk in der Sternegastronomie erlernte. Fasan und Reh, Wildente und Hase sowie Rindfleisch liefern regionale Erzeuger oder die heimischen Wälder. Das Schweinefleisch beziehen die Marquardts von der hiesigen Bauernvereinigung, die ihre Tiere ausschließlich in Freilandhaltung aufzieht, den Spargel für das beliebte Spargelbüfett aus dem nahen Uffenheim. Aromatische, duftende Kräuter liefert der eigene Garten, frische Fische, z. B. köstlicher Tauberaal, kommen direkt aus dem hauseigenen Wasserbassin. Man speist entweder im gemütlichen Restaurant oder in der eleganten, mediterran gestalteten Guten Stube. Der Wintergarten mit seinem lichtdurchfluteten Ambiente und der bezaubernden Wandmalerei entführt den Blick beim Schlemmen nach Arkadien, und bei Sonnenschein lockt die Terrasse hinaus ins Freie.

Im Sommerhalbjahr veranstalten die Marquardts Steakabende und offerieren eine große Auswahl an leichten Salaten. Für den kleinen Hunger gibt es eine Reihe von fränkischen Vespergerichten. Und am

Hotel Gasthof Krone

Marktplatz 3
97996 Niederstetten

Telefon: 07932/899-0
Telefax: 07932/899-60

Wie es sich für ein traditionsreiches Haus gehört, residiert der Gasthof Krone in den Altstadtgassen von Niederstetten, gleich neben dem schönen Fachwerkrathaus und dem geschichtsträchtigen Schimmelturm. Das opulente Wappen mit der von zwei Löwen flankierten Krone verweist mit der Jahreszahl 1460 eindrucksvoll auf den Beginn der Gastronomiegeschichte des Hauses. Unter der Ägide der Familie Marquardt etablierte sich die Krone als anspruchsvolle Feinschmecker-Adresse im Taubertal.

Perfekt ergänzt werden die Gaumenfreuden von hochwertigen fränkischen Weinen, die Hotelfachfrau Nadine Marquardt mit viel Sachkenntnis und Erfahrung charmant offeriert.

Modern und komfortabel präsentieren sich auch die Zimmer des Hauses. Zum Entspannen lädt der schöne, orientalisch anmutende Wellness-Bereich mit Sauna, Dampfbad, Solarium und Erlebnisdusche ein.

In Kräutern gebratene Gambas auf zweierlei Saucen und Kirschtomaten-Minilauchgemüse

Zutaten

12 Gambas
24 Kirschtomaten
4 Bd. Minilauch
Dill, Petersilie, Kerbel, Thymian, Rosmarin
1 Zitrone
1 Knoblauchzehe
Butter

Wochenende stehen ein 3- und ein 5-Gang-Gourmet-Menü zur Auswahl, bei dem Dirk Marquardt sein Können einmal mehr unter Beweis stellt.

Lassen Sie sich von der Kreativität des Küchenchefs einfach überraschen!

Paprikaschaum
2 rote Paprika
1 Schalotte
je 1/4 l Fischfond u. Sahne
0,2 l Weißwein
100 g Butter
Olivenöl
Paprika, Salz, Pfeffer
geschl. Sahne

Rieslingsauce
1 Schalotte
je 1/4 l Fischfond u. Sahne
0,2 l Weißwein
100 g Butter
Olivenöl
geschl. Sahne

Zubereitung

Paprika u. Schalotten fein würfeln, in etwas Olivenöl anbraten, mit Fischfond u. Weißwein ablöschen und reduzieren, bis die Paprikawürfel weich sind. Sahne und Butter zugeben und Sauce aufmixen. Mit den Gewürzen abschmecken, durch ein feines Sieb passieren und mit geschl. Sahne abrunden. Rieslingsauce genauso zubereiten.

Gambas waschen, bis auf den Schwanz abschälen, halbieren und entdarmen. Mit Zitrone beträufeln, salzen. Kirschtomaten und Lauch mit Butter, Rosmarin und zerdrückter Knoblauchzehe anbraten, etw. salzen und auf kl. Hitze ziehen lassen. In heißer Pfanne mit Öl Gambas mit gehackten Kräutern anbraten. Kurz ziehen lassen. Nun alles gemeinsam anrichten und mit frischen Kräutern garnieren.

Rothenburg ist eine wahre Perle des Mittelalters mit viel Fachwerkromantik, großartigen Kirchen, verwinkelten Gässchen mit schönen Bürgerhäusern sowie einer wehrhaften Stadtmauer und trutzigen Stadttoren. Etwa um 970 erbaute der ostfränkische Adlige Reinger auf einer Bergnase 80 m über (ob) der Tauber seine Grafenburg. 1142 beginnt mit dem Bau einer staufischen Reichsburg durch König Konrad III. die Stadtgeschichte, 30 Jahre später erhält Rothenburg Stadtrecht und die erste Stadtmauer wird errichtet. Erhalten geblieben sind bis heute der Weiße und der Markusturm sowie der Röderbogen. 1274 wird Rothenburg Freie Reichsstadt, 1352 folgt die Unabhängigkeit vom Reich. Die nächsten Jahrhunderte sind von Krieg und Zerstörung, Wiederaufbau und Stadterweiterung geprägt. Dem Meistertrunk am 31.10.1631 – Bürgermeister Nusch trank 13 Schoppen in einem Zug – verdankt die protestantische Stadt ihre Rettung vor den kaiserlichen Truppen unter Feldherr Tilly, ein Ereignis, das noch heute alljährlich mit einem Festspiel gefeiert wird. Auch die Ratsherrentrinkstube am Marktplatz verweist auf den Meistertrunk, der in den beiden Giebelfenstern nachgespielt wird (zu jeder vollen Stunde zwischen 11 und 15 sowie 20 und 22 Uhr).

Das Rathaus mit seiner Renaissance-Fassade wurde 1572-78 erbaut und 1681 durch einen Arkadenbau barock erweitert. Nichts für Klaustrophobiker ist der Aufgang zum 60 m hohen Rathausturm, der gegen Ende ebenso steil wie eng zuläuft. Doch der Ausblick über die Dächer der Stadt ist mehr als lohnend. Exemplarisch für die Vielzahl an sehenswerten Kirchen der Stadt sei

hier nur die Hauptkirche, die hochgotische St.-Jakobs-Kirche, vorgestellt. 160 Jahre (1311-1471) dauerte die Erbauung des hohen, schlanken Sakralbaus, der mit dem Rathaus den Mittelpunkt der freien Reichsstadt markierte.
Die 8 Gemäldetafeln der beiden Seitenflügel des Zwölfbotenaltars, dem Hauptaltar, wurden von Friedrich Herlin kunstvoll bemalt. Das bedeutendste Kunstwerk stellt jedoch der Heiligblutaltar dar. In der Bergkristallkapsel im Zentrum seines vergoldeten Kreuzes sollen sich drei Tropfen vom Blut Jesu be-

finden. Der große Bildhauer und Schnitzer Tilman Riemenschneider fertigte die kostbaren Figuren, die das letzte Abendmahl darstellen und von unvergleichbarer, eindrucksvoller Mimik und Gestik geprägt sind.

Marktplatz und Rathaus

Die Flügelreliefs, ebenfalls von der Meisterhand Riemenschneiders, zeigen die Ölbergsszene und Jesu Einzug in Jerusalem.
Neben all den Toren, Fachwerkfassaden, Kirchen, Gassen und bedeutenden Wohnhäusern, so etwa die Gerlachschmiede oder das Baumeisterhaus mit seinen Fensterstützen, welche die 7 Tugenden und 7 Laster des Mittelalters symbolisieren, sind es vor allem die Museen, die Aufmerksamkeit erregen.
Das Reichsstadtmuseum im ehemaligen Dominikanerinnenkloster zeigt die älteste Klosterkirche Deutschlands, den „Meister-

trunkhumpen" sowie viele interessante Stücke aus der Reichsstadtgeschichte. Das deutsche Weihnachtsmuseum ist, wie das Puppen- und Spielzeugmuseum, nicht nur für Kinder interessant. Das Kriminalmuseum zeigt äußerst anschauliche und bisweilen recht drakonisch anmutende Exponate aus 1000 Jahren Rechtsgeschichte.
Das Alt-Rothenburger-Handwerkerhaus (1270 erbaut) klärt über den Alltag einer Handwerkerfamilie im Mittelalter in original erhaltenen Räumen auf.
Vor den Toren der Stadt lohnt das Toppler-

schlösschen, Sommersitz des wohl berühmtesten Bürgermeisters der Stadt, einen Ausflug in den Taubergrund mit wunderbarem Blick hinauf zur Stadt. Und im Stadtteil Dettwang lädt die romanische Pfarrkirche zu einem Besuch in das gotische Innere mit ihrem kostbaren Riemenschneider-Kreuzaltar ein.
Tipp: Ganz besonders romantisch geht es beim berühmten Weihnachtsmarkt, dem Reiterlesmarkt, in Rothenburgs Altstadt zu.

RESTAURANT UND HOTEL MITTERMEIER

**Restaurant und Hotel
Mittermeier**

Vorm Würzburger Tor 9
91541 Rothenburg o. d. Tauber

Telefon: 09861/9454-0
Telefax: 09861/9454-94

Ruhetag: Sonntag

Touristen reisen nach Rothenburg, um
die Fachwerkromantik zu erleben, Feinschmecker kommen dagegen wegen der
anspruchsvollen, erlesenen Küche des
Restaurants und Hotels Mittermeier am
Galgentor direkt an der alten Stadtmauer
der mittelalterlichen Schönheit.
Nach lehrreichen Jahren im zur Gourmet-
Elite zählenden „Bareiss" in Baiersbronn und
erster Selbstständigkeit im Süden Deutschlands übernahmen Ulrike und Christian
Mittermeier 1995 das Traditionshaus seiner
Eltern und verliehen ihm ein modern-akzen-
tuiertes und lichtdurchflutetes Ambiente.
Mit kunstsinnigem Gespür vermag es Ulrike
Mittermeier, die Räume zeitgemäß zu insze-
nieren, ohne dabei die Vergangenheit zu
vernachlässigen. Warme Farben, geschmack-

volle Accessoires und legere Eleganz prägen
die Räumlichkeiten des Restaurants.
Eine Stadtvilla aus dem 19. Jahrhundert ist
inzwischen harmonisch mit dem Haus ver-
wachsen und beherbergt Gästezimmer mit
historischem Charme, eindrucksvollem Inte-

Unkonventionell präsentiert sich Christian Mittermeiers eigenständige Kochkunst, die er selbst mit „fränkisch-freestyle" umschreibt. Der Jeune Restaurateur d'Europe fühlt sich den Gaben seiner Heimat verpflichtet und transportiert traditionelle Gerichte in das zeitgemäße, variantenreiche Gewand anspruchsvoller Menüs und fantasievoller Gerichte vom süß-sauer eingelegten Kalbsherz mit roten Linsen und Ruccola-Löwenzahnsalat über Saltimbocca von der Riesengarnele in Zitronengras-Nage bis zum Soufflé vom Ziegenfrischkäse zu Moccaeis und marinierten Erdbeeren.

Die Basisprodukte von frischem Obst und Gemüse bis hin zu Käse und Fleisch kommen dabei meist aus dem kontrolliert ökologischen Landbau der Region. Wichtig ist Christian Mittermeier, dass er seine Gäste mit frischen, hochwertigen Produkten stets neu begeistern kann.

Dies gilt auch für seinen Catering-Service, einem der besten des Landes, der ihn zuweilen bis ins europäische Ausland führt und jedes festliche Event zum Gourmet-Ereignis werden lässt. Gern bietet der umtriebige Gastronom bei befreundeten Winzern der Region Kochkurse an und zaubert dann mit seinen „Schülern" launige Weinmenüs zu korrespondierenden Frankenweinen.

rieur (das Bad ist ins Zimmer integriert!) und modernem Komfort. Im Kellergewölbe des Hauses ist die „Blaue Sau" zu finden, die den regelmäßig hier stattfindenden Kleinkunstabenden mit einem Programm von Comedy über Konzerte bis Kabarett sowie privaten

Feierlichkeiten einen einzigartigen Rahmen verleiht.
Auch die einfallsreichen Arrangements wie „Ausflug ins Mittelalter" oder „Seitensprung" zeigen Rothenburg garantiert von einer ganz neuen Seite.

LANDHAUS ZUM FALKEN

Landhaus Zum Falken

Tauberzell 41
91587 Tauberzell

Telefon: 09865/94194-0
Telefax: 09865/94194-26

Ruhetag: Dienstag

Die Liebe zum lieblichen Taubertal erschöpft sich nicht in Romantik und Weinseligkeit, sie geht vor allem auch durch den Magen. Unter diesem Leitgedanken führt Küchenchef Lars Zwick das inzwischen weit über Franken und Hohenlohe hinaus bekannte Landhaus „Zum Falken" in Tauberzell. Sein Hauptaugenmerk liegt dabei auf bodenständigen Gerichten, die den Blick über den Tellerrand durchaus erlauben. Das gebietet schon der berufliche Werdegang von Lars Zwick. Nach seiner Lehrzeit im renommierten „Schwarzen Adler" in Nürnberg-Kraftshof erweiterte er seine Kenntnisse im bekannten Nürnberger „Essigbrätlein", bevor er zum „Ristorante Da Gianni" in Mannheim wechselte, wo die internationale Küche mit Gaumenfreuden aus dem Elsass, der Schweiz und Italien gepflegt wird, und schließlich ins Wachauer „Landhaus Bacher" in Niederösterreich kam. Dort avancierte er zum Küchenchef, ehe er im Jahr 2000 mit dem Landhaus „Zum Falken" den Sprung in die Selbstständigkeit wagte. Diese beruflichen Stationen spiegeln sich auf der reichhaltigen Speisekarte wider: Von Tauberzeller Bratwürsten nach Nürnberger Art aus eigener Herstellung, knusprigem Schäufele, gekochtem Rindfleisch in Meerrettichsauce, deftigem Sauerbraten und hausgemachtem Wildschweinschinken bis zu reizvollen Variationen im kreativen Crossover-Stil wie paniertem Lammrücken, Frühlingsrolle von der Bratwurst, geschmorter Wildschweinkeule und köstlichen österreichischen Mehlspeisen wie etwa original Wachauer Marillenknödel.

Wer hier Einkehr hält, tafelt im gemütlichen Gastraum und lässt sich ein „Tauberzeller Hasennestle" oder einen Heurigen aus der Wachau kredenzen.

Ideal für größere Gesellschaften und Feierlichkeiten ist die rustikal eingerichtete Scheune. Und der urige, 400 Jahre alte Weinkeller lädt zu Wein- und Schnapsproben ein, ist das Haus doch bekannt für seine 200 Edelbrände aus heimischem Obst, das zum großen Teil sogar aus den eigenen Gärten stammt.

Wer in einem der romantisch und komfortabel eingerichteten Landhaus-Zimmern übernachtet, genießt zum Frühstück hausgemachte Marmeladen, Honig aus der Familienimkerei und selbst gemachten Holunderblütensirup.

Tradition bewahren, aber dem Modernen gegenüber aufgeschlossen – das ist das Motto von Lars Zwick. „Original regional",

Vanille-Topfen-Soufflé
Für 6 Personen

Zutaten

250 g Topfen (Magerquark)
4 Eigelb
Mark von 1 Vanilleschote
abgeriebene Schale von 1 unbehandelten Orange
4 Eiweiß
80 g Zucker

Zubereitung

Backofen auf 220 °C Ober-/Unterhitze vorheizen. Ein tiefes Blech mit Küchenpapier auslegen und so viel Wasser einfüllen, dass die Förmchen später halb im Wasser stehen. Wasser zum Kochen bringen. Souffléförmchen (oder Kaffeetassen) ausbuttern und mit Zucker ausstreuen. Vanillemark, Eigelb, Topfen und Orangenschale glatt rühren. Eiweiß mit Zucker steif schlagen. 1/3 des Eischnees unter die Topfenmasse ziehen, Rest vorsichtig unterheben. Masse in die Förmchen füllen, in das kochende Wasserbad stellen und sofort in den Backofen schieben. Ca. 18-20 Minuten backen. Zum Soufflé passen frische Früchte je nach Saison.

aber auch einen Blick über den Kirchturm werfen, anspruchsvolle Feinschmeckerküche neben Bodenständigem, willkommene Fremde und gastfreundliche Einheimische – diese Mischung macht das Besondere des Landhauses „Zum Falken" aus.

FLAIR HOTEL DIE POST

Flair Hotel Die Post

Rothenburger Straße 1
91583 Schillingsfürst

Telefon: 09868/9500
Telefax: 09868/950250

Zwar ist das über 1000-jährige Städtchen Schillingsfürst nicht ganz so bekannt wie das nahe Rothenburg, doch mit seinem 540 m hoch gelegenen Barockschloss der Fürsten zu Hohenlohe-Schillingsfürst und dem Brunnenhaus-Museum mit historischer Ochsentretanlage gibt es auch hier allerlei zu sehen.

Dazu gehört in kulinarischer Hinsicht auch das Flair Hotel Die Post mit herrlichem Blick hinauf zum Schloss und in das idyllische Tauber-Quellgebiet.

Familie Leiblein führt das Traditionshaus in nunmehr 5. Generation mit souveräner und liebenswürdiger Hand. Als Gründungsmitglied der Flair-Hotel-Kooperation weiß man um die Kunst, eine herzlich-familiäre Gastlichkeit mit Anspruch und Komfort zu verbinden.

1790 als Gasthaus mit Bäckerei etabliert, kam Mitte des 19. Jahrhunderts noch die Post- und Kutschenstation hinzu. Geschichtskundige Feinschmecker wissen: Dieses Erbe verweist auf eine lange, fundierte Gastronomiekenntnis – und auch Die Post enttäuscht nicht. Viele hausgemachte fränkische Spezialitäten erwarten den Gast in den historischen Mauern, im großzügigen Restaurant, dem Kamin-Zimmer und der urigen Gaststube. Abwechslungsreiche kulinarische Themenwochen und Wochenendarrangements mit Menüs, Schnapsprobe und Radtouren ins Umland mit Übernachtung in den gemütlichen und komfortablen Zimmern laden das ganze Jahr über ein ins Flair Hotel Die Post.

Ute von Berg-Leiblein zeichnet in der Küche verantwortlich für frische und saisonal aus-

Schweinshaxe in Pilsbiersauce mit Semmelknödel

Zutaten

4 Schweinshaxen à 500 g
4 EL Öl
2 große Zwiebeln
1/2 Sellerieknolle
1 Petersilienwurzel
4 Möhren
je 1l Fleischbrühe und Pilsbier
Salz, Pfeffer, Zucker
8-10 Semmeln
3/8 l Fleischbrühe
3-4 Eier
1 Zwiebel, fein gewürfelt
Schnittlauch u. Petersilie, gehackt
Salz, Fett

Zubereitung

Haxen pfeffern, salzen und in heißem
Öl rundum scharf anbraten. Das
Wurzelgemüse zufügen und anrösten.
Anschließend mit Brühe und Bier
aufgießen, in den vorgeheizten Ofen
geben und für ca. 2 Std. bei 200°
schmoren lassen. Von Zeit zu Zeit
Haxen mit Bratensaft begießen.
Die auf den Punkt geschmorten Haxen
herausnehmen und warm halten.
Bratensaft durch ein Sieb gießen und
einkochen lassen, mit Salz, Pfeffer,
Bier und Zucker harmonisch abschmecken.
In dünne Scheiben geschnittene
Semmeln mit Fleischbrühe übergießen, die in Fett angedünsteten
Zwiebeln mit den Kräutern darüber
geben und das Ganze mit den Eiern
zu einem Teig verkneten, evtl. noch
Semmelbrösel dazugeben. Mit Salz
abschmecken, zu Knödeln formen und
in reichlich Salzwasser kochen.

gerichtete Traditionsgerichte, mal in feiner
Variation, mal als deftige Hausmannskost
zubereitet. Die Weinkarte hält feine Tropfen
aus Franken, dem Taubertal und dem nahen
Württemberg bereit.
Schwaben und Franken vereinen sich auch
genüsslich im lukullischen Angebot, das
vom feinen Lammkarreeschinken – das
Lamm stammt zum Teil aus eigener Zucht –
mit süß-saurem Kürbis, heimischem Ziegenkäse mit Honig und Speck gratiniert und
Wildschweinbraten an Wacholderrahmsauce
über Schweinefilets „Schillingsfürster Le-
ckerli" mit Sauerkirschsauce, Hohenloher

Rostbraten mit Spätzle und Karpfen aus dem
Wein-Essig-Sud bis zu Fränkischen Apfel-
küchle oder hausgemachtem Parfait auf
Schokoladenspiegel reicht.
Als krönender Abschluss empfiehlt sich ein
Edelbrand aus der eigenen Hausbrennerei
Frankenhöhe, dem Steckenpferd von Fried-
rich Leiblein. Die „gesegneten" Brände
lagern übrigens seit jeher im St. Kilianskeller
der Ev. Kirche, so kann der Genuss von
Zwetschgen-, Sauerkirsch- und Kerner Trau-
benwasser, Birnen-, Hagebutten- und Ap-
felbrand sowie Brombeer-, Himbeer- und
Holundergeist gewiss keine Sünde sein.

ROMANTIK HOTEL GREIFEN-POST

wähnt wurde, erwuchs das renommierte Romantik Hotel, das mit liebevoll eingerichteten Gasträumen und Hotelzimmern aufwarten kann.

Wo schon Kaiser Maximilian und Bayernkönig Max Joseph ihr Haupt niederlegten, wo die Kaiserin von Russland und Graf Luckner dinierten – da wird der Gast auch heute noch fürstlich umsorgt.

Das elegante, stilvolle Gourmet-Restaurant verweist mit seinen Menüs auf eine „neue

Romantik Hotel Greifen-Post

Marktplatz 8
91555 Feuchtwangen

Telefon: 09852/680-0
Telefax: 09852/680-68

€s lohnt sich, die Speisekarte des Romantik Hotels Greifen-Post ein wenig eingehender zu studieren. Denn sie beschreibt eindrucksvoll die bewegte Geschichte des Feuchtwanger Traditionshauses. Aus der einstigen „Post", die bereits 1369 Gäste als Post- und Kutschenstation beherbergte, und dem „Greifen", der erstmals 1450 als „heriberge" er-

deutsche Aroma-Küche", die sich zeitgemäß und innovativ präsentiert und mit liebenswerter Herzlichkeit ganz ohne steife Etikette serviert wird.

Gemäß dem Signum „Artenreiches Land – Lebenswerte Stadt" bilden die reichen Gaben dieser Region die Grundlage aller Speisen, Herkunftsort und Erzeugerbetrieb werden aufgeführt und verweisen auf eine biologisch orientierte Produktauswahl. Ein lobenswertes Konzept, mit dem Dirk Becker, der in der Sterne-Gastronomie das Fundament für seine eigenständige Kochkunst legte, Frankens hochwertige Gaben in den Vordergrund einer anspruchsvollen Feinschmecker-Küche rückt. Die Charlotte von Edelfischen und Riesengarnele vereint sich in mediterraner Lust mit Blattspinat und Dinkelrisotto. Der Lammrücken mit einer Bärlauchsauce auf Törtchen von Paprika und Bulgur wird begleitet von geröstetem jungen Knoblauch, die Tranchen vom Maibockrücken präsentieren sich mit Spargel, jungen Möhrchen und angemachten Kräutern. Dazu offeriert die Weinkarte zumeist Bocksbeutel aus heimischen Gefilden, aber auch edle Rebensäfte aus der Neuen Welt.

Genächtigt wird in ganz besonders charmant und geschmackvoll ausgestatteten Zimmern. Sie haben die Wahl zwischen Himmelbetten im Renaissance-Ambiente, elegant-schlichtem Louis-XVI-Flair, blumigem Biedermeierstil sowie bezaubernden Laura-Ashley-Landhauszimmern. Im Schwimmbad, wo einst Pferde einstanden, ziehen Sie Ihre Runden – ein ganz besonderes Badevergnügen! Sauna und türk. Dampfbad entspannen Körper und Geist. Herzlichkeit – getreu dem Motto „Ungezwungenheit mit Flair ist unser Stil" – das ist die Philosophie des Romantik Hotels Greifen-Post.

Maibockrücken im Strudelmantel auf Bärlauchbuttersauce und Balsamicojus

Zutaten

360 g Maibockrücken, ausgelöst
100 g Putenfleisch
50 g Sahne
2 Bl. Filoteig (30x30)
10 Spinatblätter
20 g Butter
Cognac
100 g Röstgemüse
200 ml Rotwein
50 ml Balsamico
Stärke
Salz, Pfeffer, Zucker
10 g Tomatenmark
je 50 ml Weißwein u. Brühe
20 g Zwiebeln
je 50 g Butter u. Bärlauch

Zubereitung

Maibockrücken parieren (200 g Parüren für die Jus aufheben!). Putenfleisch wolfen, anfrieren, mit Sahne, Cognac, Pfeffer, Salz zu einer geschmeidigen Farce cuttern. Filoteig übereinander legen, mit Farce bestreichen, blanchierten Blattspinat darüber legen, mit Farce bestreichen, Maibockrücken auflegen und zur festen Rolle wickeln. Mit Butter bestreichen, bei 220° ca. 13 Min. backen, herausnehmen, 10 Min. ruhen lassen. Parüren würzen, in Öl anrösten, Gemüse u. Tomatenmark mitrösten, mind. 3x mit Rotwein ablöschen. Mit Wasser auffüllen, bei ger. Hitze 1 Std. köcheln lassen. Durchpassieren, mit Balsamico u. Zucker reduzieren und evtl. mit Stärke binden.
Wein, Brühe u. Zwiebeln auf ca. 1/3 reduzieren und passieren. Kalte Butter zufügen. Pürierten Bärlauch kurz vorm Servieren in die Buttersoße einrühren. Mit Zucker, Salz abschmecken.

GASTHAUS SINDEL-BUCKEL

Gasthaus Sindel-Buckel

Spitalstraße 28
91555 Feuchtwangen

Telefon: 09852/2594
Telefax: 09852/3462

Grüß Gott im fränkischen Wirtshaus – das Gasthaus Sindel-Buckel in Feuchtwangen bezeichnet sich stolz und selbstbewusst als Teil der fränkischen Wirtshauskultur. Diese umfasst herzliche Gastfreundschaft, natürlich den obligaten Stammtisch und nicht zuletzt eine ehrliche, frische Küche, die sich den Gaben der Region verschreibt und daraus traditionsreiche ebenso wie anspruchsvolle Gerichte zaubert.

Tanja Sindel führt gemeinsam mit ihren Eltern Eleonore und Heiner sowie ihren langjährigen Mitarbeitern, die quasi mit zur Familie gehören, das gastliche Haus in nunmehr 4. Generation mit viel Engagement und einer besonderen Liebe zur Gastronomie. Die gelernte Köchin steht nicht nur hinter dem Herd, sie sorgt auch herzlich und ungezwungen für den bekannt guten Service des Hauses. Ihre beiden Schwestern Christi-

ne, ebenfalls Köchin, und Ilonka, die mit anpackt, wenn Hilfe nötig ist, unterstützen den Familienbetrieb tatkräftig.

Heiner Sindel ist Jäger, und so stammen Reh, Hirsch, Wildschwein, Wildenten und -tauben aus dem eigenen Revier. Die Sindel'schen Weiher liefern Karpfen, Hecht, Zander und Schleie, Kräuter kommen direkt aus dem Garten, das Gemüse zumeist aus dem Knoblauchsland. Lamm, Rind, Kalb und Schwein liefern die Feuchtwanger Metzger und bäuerliche Direktvermarkter. Die vielfältige Küche des urigen Wirtshauses genießt man in der alten, fränkisch-rustikalen Gaststube oder im schönen Saal. Gleich daneben präsentiert sich der Wintergarten, lichtdurchflutet und mediterran inspiriert. Ihm schließt sich der idyllische Biergarten an. In den Tages- und Saisonkarten, der Fisch-, Salat- und Vesperkarte sowie im festen Spei-

Buckel gefeiert wird, etwa beim Lindenfest im eigenen Biergarten oder beim bekannten Volksfest auf der nahen Mooswiese. Das Gasthaus ist auch eine Station der Feuchtwanger „Kulinarischen Tour interregional" alljährlich zu Martini, wo in sechs verschiedenen Restaurants jeweils ein Gang eines Menüs serviert wird.

Gründe genug für einen Besuch im fränkischen Wirtshaus Sindel-Buckel ...

Karpfenfilet „südländisch"

Zutaten

4 Karpfenfilets à 200 g
Zitronensaft
Paprika-Knoblauchpulver-
mischung
Mehl
Olivenöl
1-2 Zwiebeln
3 Knoblauchzehen
2-3 Lorbeerblätter
2-3 Thymianzweige
500 g Tomaten
1 EL Tomatenmark
50 ml Gemüsebrühe
Salz, Pfeffer, Zucker

Zubereitung

Zwiebeln grob würfeln, einen Teil mit Lorbeer in Olivenöl anschwitzen und mit Salz, Zucker und Pfeffer würzen. Tomaten vierteln und (bis auf zwei) mitrösten. Tomatenmark dazugeben und mit Gemüsebrühe aufgießen. 5 – 10 Minuten kochen lassen. Mit dem Mixstab pürieren, dann durch ein feines Sieb passieren. Nochmals abschmecken.

Die Karpfenfilets mit Zitronensaft, Salz und Paprika-Knoblauchmischung würzen. In Mehl wenden und in einer beschichteten Pfanne mit Olivenöl braten. Restliche Zwiebeln und Tomaten mit Knoblauch, Lorbeer und Thymian hinzugeben und mitrösten. Bei Bedarf mit Olivenöl beträufeln. Zwiebel-Tomatenmischung auf die Karpfenfilets verteilen und mit Tagliatelle sowie der Tomatensauce anrichten.

senangebot spiegelt sich eine große Wertschätzung für die Heimat Franken und seine Aromen. Die Auswahl reicht von festlichen Braten mit Knödeln über zarte Lammkeule, rosa gebratene Herzen, eine Spezialität des Gasthauses, Rehschäufele, das mit Serviettenknödel und frischen Salaten serviert wird, bis zur zünftigen Rehhaxe mit hausgemachten Spätzle.

Die gemütlichen Zimmer des Hauses laden zum Bleiben ein, wenn im Gasthaus Sindel-

NÜRNBERG – FRANKENS METROPOLE

„Nürnberg ist die schönste Stadt, die ich je gesehen habe, sie ist in ihrer Ganzheit ein wahrhaftiges Kunstwerk", schrieb Adalbert Stifter über „Deutschlands Schatzkästlein". Wie schön, dass sich Frankens größte Stadt dank eines umfassenden Wiederaufbaus nach der weit gehenden Zerstörung im 2. Weltkrieg heute wieder mit seiner malerischen

gung ist mit Toren, 71 Türmen und einer rund 5 km langen Stadtmauer erhalten geblieben. Mittelalterlich präsentieren sich auch das von Fachwerk gesäumte Handwerker- sowie das idyllische Burgviertel. Zentrum der Stadt ist der Hauptmarkt, 1349 angelegt und Schauplatz des weltbekannten Christkindlesmarktes. Der Schöne Brunnen fällt mit einem achteckigen Becken und einer Pyramide mit 40 Figuren ins Auge. Wer an

nal erhaltenen historischen Gebäude und zeigt die Pracht eines Patriziersitzes der Spätrenaissance mit prächtigem Volutengiebel. Es beherbergt das Stadtmuseum, das einen Streifzug durch die Nürnberger Geschichte bietet.
Die Kaiserburg wurde im 12. Jh. von den Staufern Konrad III. und Friedrich Barbarossa erbaut und spätgotisch erweitert. Sehenswert, aber nur mit Führung zu besich-

Blick zur Kaiserburg

Altstadt zu Füßen der Kaiserburg zu einem Großteil im alten Glanz präsentiert.
1050 als Nórenberc erstmals erwähnt, begann mit dem Bau der salischen Kaiserburg im 11. Jh. die Stadtentwicklung. 1219 wurde Nürnberg zur Freien Reichsstadt erhoben, Karl IV. verlieh ihr 1356 das Recht auf den 1. Reichstag nach jeder Königswahl. Später wurde die Stadt des Albrecht Dürer und Hans Sachs zum Mekka der deutschen Romantiker.
Ein Großteil der alten Stadtbefesti-

seinem güldenen Wunschring dreht, soll Glück in der Liebe haben!
Die gotische Frauenkirche, Frankens erste Hallenkirche, macht besonders mit ihrer Westfassade auf sich aufmerksam. Punkt zwölf defilieren beim „Männleinlaufen" alle Kurfürsten an Kaiser Karl IV. vorbei und erinnern an das Reichsgesetz „Goldene Bulle".
Das Rathaus mit seinem gotischen Festsaal und dem Wolffschen Bau, der im Stil ital. Renaissancepaläste 1616-22 errichtet worden war, wurde nach seiner Zerstörung 1945 wieder behutsam rekonstruiert.
Das Fembohaus ist eines der wenigen origi-

„Männleinlaufen"

Goldener Wunschring

Neues Museum

tigen sind der Palas mit Ritter- und Kaisersaal, der Frauenbau, der Heidenturm und der Fünfeckturm, das Brunnenhaus mit dem 53 m tiefen Brunnen, die Doppelkapelle mit einer Unterkapelle für das Volk und einer wesentlich reicher ausgestalteten Oberkapelle für den Adel sowie der Kaiserempore für den Herrscher selbst.

In der Kemenate ist das Burgmuseum mit Waffensammlung untergebracht. Vom Sinwellturm aus bietet sich ein fantastischer Blick auf die Altstadt mit den Stadtteilen Lorenz und Sebald und ihren beiden Pfarrkirchen links und rechts der Pegnitz.

Die Lorenzkirche ist eine dreischiffige Basilika mit spätgotischem Hallenchor. Ihre prachtvolle Westfassade wird von einer imposanten Rosette und einem reich strukturierten Spitzgiebel beherrscht. Sehenswert sind u. a. das Sakramentshaus von Adam Kraft und das filigrane Schnitzwerk „Englischer Gruß" von Veit Stoß.

Die bereits 1230 als spätromanische Pfeilerbasilika errichtete und im 14. Jh. gotisch ausgebaute Sebalduskirche ist dem Nürnberger „Stadtheiligen" gewidmet.

Er ruht im Sebaldusgrab, das von einem

reich verzierten Bronzegehäuse umfasst wird.

Zu einem Besuch in Nürnberg gehört natürlich auch das Albrecht-Dürer-Haus, das Möbel, Wohnräume, die Werkstatt sowie Ausstellungen zum Werk des großen Künstlers zeigt.

Unter den zahlreichen Museen der Stadt sei exemplarisch das Germanische Nationalmuseum erwähnt, Deutschlands größtes Museum für dt. Kunst und Kultur mit über 1,2 Mio. Exponaten von Kunsthandwerk und Waffen über Spielzeug und historische Musikinstrumente bis zu Gemälden und Skulpturen.

GASTHAUS SCHWARZER ADLER

Gasthaus Schwarzer Adler

Kraftshofer Hauptstraße 166
90427 Nürnberg-Kraftshof

Telefon: 0911/305858
Telefax: 0911/305867

Vier Jahrhunderte Genuss, Gastlichkeit und Tradition vereint das Gasthaus Schwarzer Adler im Nürnberger Stadtteil Kraftshof in seinen historischen Mauern. Die interessante Geschichte des idyllischen Dörfchens Kraftshof ist eng mit der Historie des Schwarzen Adlers verknüpft. Erster Besitzer des einstigen Pfarrhausgutes, das unmittelbar an die Mauern der imposanten und trutzigen Wehrkirche angrenzt, war der Erbmann Arnold Fleischmann, der das Anwesen im Jahre 1398 für 4 Pfingst- und 4 Weihnachtskäse, 2 Fastnachtshühner und 2 Herbsthennen erwarb. Ob diese kulinarische Anleihe den Grundstock für das heutige Renommee des Gourmetrestaurants legte, das einen bedeutenden Platz in der deutschen Spitzengastronomie einnimmt, mag dahingestellt sein.

Ein erster Hinweis auf eine „Schenkstatt" datiert in das Jahr 1594, und seiner Funktion als Wirtshaus mag das Haus wohl auch verdanken, dass es – mitten im Dreißigjäh-

rigen Krieg – beim Sturm der kaiserlichen Truppen auf Kraftshof verschont blieb. In den folgenden Jahrhunderten wuchs nicht nur das Haus selbst, sondern auch seine Bedeutung als Mittelpunkt und gesellschaftliche Institution des Dorfes.

Nach dem Zweiten Weltkrieg war der Schwarze Adler als gutbürgerliches Ausflugslokal bekannt und sein schönes Gartenlokal bei Nürnbergern äußerst beliebt. Doch all dies ist Geschichte.

Heute hat sich das Haus mit Eduard Assmann und seinem Küchenchef Christof Gessner als herausragende Gourmet-Adresse für eine anspruchsvolle, innovative und ideenreiche Küche etabliert, die mit ihrer eigenständigen und kunstvollen Ausdrucksform Feinschmecker über die Grenzen Nürnbergs und Franken hinaus begeistert. Die perfekte Komposition aus fränkischen Einflüssen, mediterraner Leichtigkeit und opulentem Einfallsreichtum macht die hoch gelobte Küche des Hauses aus.

Überbackene Zucchiniblüten und Cannelloni mit Champignonpüree

Zutaten

8 kleine Zucchiniblüten
(ohne Zucchini)
750 g Champignons
1,5 dl Magermilch
Salz, Pfeffer, Muskat

Nudelteig

300 g Mehl
5-6 Eier
200 g Hartweizengrieß
1 EL Olivenöl

Bechamel-Sauce

1 kleine Kartoffel, geschält
0,5 l Magermilch

1 kleine Zwiebel, mit Nelke und Lorbeer gespickt
2 EL Hefeflocken
2 EL frisch geriebener Parmesan

Zubereitung

Alle Zutaten für den Nudelteig ca. 2 Minuten zu einem festen Teig kneten, in Klarsichtfolie wickeln und für ca. 2 Stunden kühl stellen. Dann Teig in Bahnen dünn ausrollen, einige Minuten ruhen lassen, und dann etwa 1 Minute in kochendem Salzwasser al dente kochen. In kaltes Wasser geben, herausnehmen und auf eine Klarsichtfolie legen.

Champignons gut waschen, abtropfen lassen und in der Milch weich kochen, mit Salz, Pfeffer, Muskat würzen und in der Moulinette mixen. Nudelteig in 12 x 14 cm große Stücke schneiden, je 1 EL Champignonpüree darauf geben und zusammenrollen. Zucchiniblüten gründlich auswaschen und mit dem restlichen Champignonpüree füllen.

Milch mit klein geschnittener Kartoffel und gespickter Zwiebel ca. 5 Minuten köcheln, dann aufmixen. Mit Salz und Muskat abschmecken, durch ein Sieb passieren und Hefeflocken darunter mixen.

Je 2 Cannelloni und 2 Zucchiniblüten in einer Auflaufform anrichten, mit der Béchamel-Sauce überziehen und mit dem Parmesankäse bestreuen. Bei 200 °C für 3-4 Minuten im vorheizten Ofen überbacken.

GASTHAUS SCHWARZER ADLER

Kein Wunder bei all den renommierten Stationen, die Eduard Assmann bereits absolviert hat. Neben zahlreichen Würdigungen und viel positiver Kritik wurde das Engagement des uneitlen und eher zurückhaltend agierenden Kochkünstlers durch den Gastro-Oscar für edle Küche in den Jahren 2000 und 2002 gekrönt.

Frische, höchste Qualität und eine vollendete Harmonie aller Ingredienzien bestimmen die lustvoll komponierten Menüs. Nicht zuletzt ist das Haus stolz auf seinen Namen, der es als Gasthaus auszeichnet, und so haben trotz hoher Küchenkunst und elegant-aromenreichen Gourmandisen auch regio-

nal verwurzelte Gerichte ihren wohlverdienten Platz im Schwarzen Adler.

So gestaltet sich das Schmankerlmenü mitten im fruchtbaren Knoblauchsland als genussvolles Konglomerat aus Franken und der mediterranen Welt, beispielsweise mit einer Samtsuppe von neuen Kartoffeln mit Osietra-Kaviar und Sauerrahm und einem Filet vom Steinbutt unter der Hummerkruste auf karamellisiertem Lauch und Safransauce. Auch Zweierlei vom Milchlamm auf Paprikaconfit mit gebackenem Bohnenbündchen und Bärlauchsauce zeigt sich von Saison und Marktangebot geprägt.

Das historische Haus präsentiert hinter seiner klar strukturierten Sandsteinfassade Galtäume mit einer elegant-stilvollen Atmosphäre und dem fantasievollen Spiel mit Geschichte und Moderne. Die Gaststube

wartet mit all jenen Accessoires auf, die man in einem Gourmet-Restaurant erwartet, bewahrt aber auch viele Reminiszenzen an die Vergangenheit des Hauses wie das offen gelegte Fachwerk, die dunkle Holzvertäfelung und eine schwere Balkendecke. In der Weinstube lagern die kostbaren Weine, die Eduard Assmann aus aller Welt zusammengestellt hat. Über 200 edle Kreszenzen, davon auch etwa 15 offene Positionen und ca. 20 „halbe" Flaschen – umfasst die internationale Auswahl an Top-Weinen.
So finden sich sicher die passenden Geschmacksnoten zum offerierten Gourmet-Menü, das sich französisch-mediterran zeigt. Das Savarin von der Barbarie-Ente wird von einem Cappuccino von der Strauchtomate ergänzt. Ein Duett von Hummer und Loup de mer auf Brunnenkresserisotto und geba-

ckenem Blumenkohl leitet zum Lammkarree auf Zwiebelkompott mit Bohnenchatreuse, Nusskartoffeln und Thymiansauce über. Gratinierte Früchte mit hausgemachtem Schokoladeneis krönen den lukullischen Genuss. Sollten Sie bei schönem Wetter den Weg in den Schwarzen Adler finden, so nehmen Sie unbedingt im idyllischer Garten mit seinem weitem Blick ins Grün des Knoblauchlandes Platz. Direkt an der Wehrmauer und inmitten alter, hoher Bäume hat Eduard Assmann hier mit stilsicherer Hand ein südlich-leichtes Ambiente geschaffen.
Unter dem Motto „Musik & Menü" feiert man die schon zur Tradition gewordenen beliebten Feste im Schwarzen Adler.
Für private Festivitäten eignen sich aber auch die eleganten, romantischen Säle im oberen Stock des Sandsteingebäudes: der

kleine Salon und das Schiestl-Zimmer. Viel Flair, harmonische Farbgestaltung und eine perfekte Dekoration verleihen in diesen Räumlichkeiten garantiert jedem Fest das besondere Etwas.
Das Gasthaus Schwarzer Adler verspricht jedem Gast, der eine brillante Kochkunst zu schätzen weiß, facettenreichen Hochgenuss. Auch wenn heute Pfingst- und Weihnachtskäse, Fastnachtshühner und Herbsthennen nicht mehr auf der Karte zu finden sind!

HOTEL SCHINDLERHOF

vative, zeitgemäße Küchenimpressionen ein lukullisches Paar. Die Freilandente mit Bratapfel, Brezenknödel und Blaukraut und die Variation von der Nürnberger Bratwurst sind ebenso zu finden wie ein Filet von der Dorade aus dem Wildfang auf mediterranem Kartoffelgemüse und Tauben-Saltimbocca auf Pfifferlingrisotto mit frischen Kräutern. Das Duett von Lammkotelett und marinierten Spießchen vereint sich mit einer Ruccolawaffel und buntem Bohnenragout, die Schokoladenravioli mit frischen Erdbeeren und Vanilleschaum.
Auch im Weinbereich spiegelt sich die Maxime „fränkisch verwurzelt

In der ländlichen Idylle des Nürnberger Stadtteils Boxdorf hat sich ein anspruchsvolles und mehrfach ausgezeichnetes Privathotel etabliert, das durch eine exquisite Küche, eine innovative Auffassung von Gastlichkeit, ausgefallene Wohnkonzepte und einen vorzüglichen Tagungsservice von sich Reden macht. Die Restaurants und der romantische Innenhof bieten eine stilsicher inszenierte Symbiose aus Interieur, Farben und Accessoires. Gemäß der Maxime *Franken geht fremd!* werden die Gaben Frankens und der Blick in die Welt als fantasievolle Vereinigung verstanden. So bilden unter der Ägide von Küchenchef Marco Neubauer regionale, traditionelle Gerichte sowie inno-

und weltoffen" in für Franken eher ungewöhnlichen Rebsorten wie einem Chardonnay Spätlese oder einem im Barrique gereiften edelsüßen Weißwein erfolgreich wider. Unter dem Dach des natürlich gewachsenen,

Hotel Schindlerhof

Steinacher Straße 6-8
90427 Nürnberg-Boxdorf

Telefon: 0911/9302-0
Telefax: 0911/9302-620

unter Denkmalschutz stehenden Komplexes vereinen sich zudem exklusive Ideen von ganzheitlichem Wohnen mit höchstem Anspruch.

Die gemütlich-eleganten Landhauszimmer erzeugen durch stilvolle Einrichtung und warme Farben echte Wohlfühl-Atmosphäre. In den „Autozimmern" lässt es sich sogar inmitten eines detailgenauen Smart-, Rover,- Jaguar- oder Ferrari-Ambientes nächtigen.

Ein mehr als ungewöhnliches Hotelkonzept stellen jedoch die durch „warmen Minimalismus" geprägten Ryokan-Zimmer dar, die, ebenso wie der Garten mit Koi-Teich und Teehaus, den Regeln der traditionellen japan. Gasthauskultur und des Feng Shui folgend, die Harmonie von Architektur, Natur und Design eindrucksvoll umsetzen. Seit Klaus und Renate Kobjoll das Haus 1984 eröffneten, haben sie, ab dem Jahr 2001 gemeinsam mit Tochter Nicole, den über die Grenzen Frankens hinaus etablierten guten Ruf des Schindlerhofs als stilvolle Komfort-Oase stets unermüdlich und weitsichtig weiterentwickelt und einen Ort geschaffen, an dem sich Franken und die

Welt, Komfort und Anspruch auf höchst genussvolle Weise miteinander verbinden.

Meerrettichrisotto

Zutaten

2 EL Olivenöl
3 Schalotten
1 geh. Knoblauchzehe
250 g Risotto
0,2 l Weißwein
je 1 Thymianzweig u. Lorbeerblatt
0,5 l Geflügelfond
100 g Röstgemüse (Sellerie, Lauch)
50 g Apfelwürfel
50 ml Noilly Prat
je 0,4 l Geflügelfond + Rahm
100 g Meerrettich
200 g Gemüsewürfel
(Karotte/Sellerie/Lauch/Zucchini)
1 EL Mascarpone
je 2 EL ger. Parmesan u. fein geh.
Schnittlauch

Zubereitung

Olivenöl mit 2 fein gewürfelten Schalotten u. Knoblauch bei ger. Hitze andünsten, Risotto 2-3 Min. mitdünsten, mit 150 ml Weißwein ablöschen, Kräuter zufügen. Geflügelfond nach u. nach angießen, unter Rühren Reis al dente kochen. Abkühlen lassen. Röstgemüse u. Apfel in Butter farblos dünsten, mit restl. Weißwein und Noilly Prat ablöschen, Geflügelfond angießen, auf die Hälfte reduzieren. Rahm zufügen, auf ca.1/2 l Sauce einkochen. Diese durch ein Sieb passieren, aufmixen, mit Salz, Pfeffer, Meerrettich abschmecken. Gemüsewürfel in Salzwasser gar kochen. Abgekühlten Risotto mit Meerrettichsauce und Gemüsewürfel kurz aufkochen, mit Mascarpone u. Parmesan binden, mit Salz, Pfeffer u. Schnittlauch abrunden. Dazu serviert man im Schindlerhof frisch geräuchertes Zanderfilet.

RESTAURANT 3 HUSAREN

seine Flügeltüren zum idyllischen Innenhof hin öffnet, der mit weißen Tischen und Stühlen und blühenden Pflanzen mediterrane Urlaubsgefühle aufkommen lässt.

In diesem stilsicher inszenierten Ambiente offeriert Sabine Barthelmeß eine frische, leichte Saisonküche, die vor allem Fische aus aller Welt in den Mittelpunkt rückt, welche das Traditionshaus als „Fisch-Küche" weit über die Grenzen Erlangens hinaus bekannt gemacht hat und Stammgäste aus aller Welt anzieht. Heimische Süß- und exotische Meeresfische werden von fränkischen Schmankerln wie Spargel, Pfifferlingen, Steinpilzen und frischen Kräutern fantasievoll umrahmt.

Im Vordergrund des kreativ komponierten Speisenangebots, das natürlich auch Fleischgerichte beinhaltet, steht die zeitgemäße Variation. Der Zander wird von Limetten-Basilikum-Butter verwöhnt, der Seeteufel schmiegt sich an Ananascoulis mit Tannenhonig, die Forellen zeigen sich auf toskanische Art, in Olivenöl gebraten und mit Egerlingen vereint. Die kleine, feine Weinkarte offeriert Weiß- und Rotweine ausgesuchter privater Weingüter in Franken, Italien, Frankreich und Österreich, viele davon auch offen.

Sabine Barthelmeß ist stets auf der Suche nach der nächsten kulinarischen Herausfor-

Restaurant 3 Husaren

Apfelstraße 8
91054 Erlangen

Telefon: 09131/21750
Telefax: 09131/9790563

Ruhetag: Montag

Das Restaurant 3 Husaren in der Innenstadt von Erlangen besticht durch ein elegantes Interieur, das eine willkommene Abwechslung zur fränkisch-gemütlichen Gasthaus-Atmosphäre bietet. Helle, warme Farben bestimmen das Restaurant, und fliederfarben romantisch präsentiert sich der Salé, der

Zanderfilet mit Tannenhonig an Ananascoulis

Zutaten

800 g Zanderfilet
Salz
Saft 1 Zitrone
Mehl
Pflanzenfett
1/4 einer frischen Ananas
Thymianzweige
Estragonessig
Tannenhonig
50 g Butter
8-10 kleine Kartoffeln

Zubereitung

Kartoffeln schälen und in Salzwasser gar kochen. Absieben und warm stellen. Ananas in kleine Stücke schneiden, pürieren, mit Estragonessig und Thymian verfeinern und nochmals kurz pürieren. Zanderfilet in 4 gleich große Stücke schneiden, salzen und mit Zitronensaft beträufeln, leicht in Mehl wenden und in Pflanzenfett knusprig anbraten, wenden und bei schwacher Hitze fertig braten.
Butter in kleiner Pfanne abbräunen lassen, beiseite stellen. 4 kleine Thymianzweige dazugeben.

Anrichten

Ca. 3 TL von der pürierten Ananas in Abständen auf den Teller geben und etwas verstreichen. Fisch auf den Teller platzieren, ein wenig von der gebräunten Butter darüber geben und mit einem Thymianzweig garnieren. Eine Messerspitze Tannenhonig über den Fisch laufen lassen. Mit den Kartöffelchen umlegen.

derung, die Mutter Marlene mit souveräner Kunstfertigkeit in der Küche umsetzt. Und Vater Kurt verzaubert derweil als vollendeter Grandseigneur und echter „Maître" von altem Schlag mit Witz und guter Laune seine Gäste.
Die regelmäßigen Künstlerabende sind ein weiteres Highlight im Restaurant 3 Husaren. Ein anspruchsvolles 4-Gang-Menü begleitet Musikabende, Lesungen oder Vernissagen. Sabine Barthelmeß, die das Haus bereits in 4. Generation führt, und ihre Eltern sind ein eingespieltes Team. Genuss, gepaart mit stil-

voller Gastlichkeit, war schon für Marlene und Kurt Barthelmeß oberste Prämisse. Hier fühlt sich der Gast tatsächlich als König, denn die natürliche Wertschätzung der Familie Barthelmeß, deren Leidenschaft für ihren Beruf in jedem Handgriff deutlich wird, kommt ebenso ungekünstelt wie selbstverständlich daher. Da erwächst nach einem vorzüglichen Mal inmitten dieser warmen, natürlichen Herzlichkeit schon beim Abschied der Wunsch, recht bald wiederzukommen.

WALTMANN ROHMILCHKÄSE

1982 gründete Vater Gerhard aus seiner Leidenschaft für Frankreich und Käse heraus die renommierte „Käse-Ecke" in der Erlanger Friedrichstraße. Mit der Zeit spezialisierte er sich auf die Affinierung, sprich Veredelung, von hochwertigem Rohmilchkäse, eine Kunst, die man nur in Frankreich erlernen kann und für die Gerhard Waltmann neben dem Titel Mâitre Affineur auch mit der Aufnahme in die berühmten Käsegilden St. Uguzon und St. Maure sowie der Confrère de la Table et Frères en Geule belohnt wurde. Während Schafs- und Ziegenkäse sich am liebsten kühl und trocken auf Stroh betten, lagern Kuhmilch-Käse bei optimalen 10-12 °C, völliger Dunkelheit und 96 % Luftfeuchtigkeit im Reifekeller unter dem Haus, und das je nach Sorte und Reifeprozess bis zu zwei Jahren. Dabei werden sie durch tägliche sorgfältige Pflege affiniert, also mit Cidre, Wein, Calvados oder Kochsalz gewaschen oder in edlen Wildkräutern gewendet. Manch ein Käse muss gebürstet und somit vor allzu viel Schimmel befreit werden, erhält eine „Drainage", um die Feuchtigkeit schneller zu entziehen, oder wird mit Nadeln gespickt, die Luft ins Innere leiten und den Schimmel gleichmäßig verteilen. Jeder Käse erhält die Pflege, die er benötigt, um seinem vollendeten Aroma entgegenzureifen. Im Jahr 2000 wurde das Ladengeschäft renoviert, vergrößert und Sohn Volker,

Waltmann Rohmilchkäse

Mâitre Affin
Friedrichstraße 10
91054 Erlangen

Telefon: 09131/207187
Telefax: 09131/206993

Käseseminare: September – Mai,
Do und Fr

Die Kulinarische Entdeckungsreise ist zu Gast bei Mâitre Affineur Volker Waltmann, einem wahren Künstler der Rohmilchkäseveredelung, der nicht nur in Erlangen, sondern in ganz Deutschland einen hervorragenden Ruf genießt.

gemeinsam mit seinem langjährigen Team die über 180 Käsesorten pflegt.
In den sehr beliebten Käse-Seminaren erfahren Feinschmecker alles über Herstellung, Geschmack und Herkunft der Rohmilchkäse. Und sie erhalten Antwort auf die Frage, ob man die Rinde nun mitessen soll oder nicht,

mit Waltmann'schem Käse lukullisch bereichert.
Bei einem einleitenden Gläschen Portwein sowie fünf abwechslungsreichen Gängen mit je drei Sorten dauert so ein Seminar in gemüt-

seines Zeichens durch dreijährige Lehrzeit in Frankreich ebenfalls zum Maître Affineur „gereift", übernahm die Geschäftsleitung. Auch frisch gebackenes Brot, eine anspruchsvolle Weinauswahl, hausgemachte Tortellini mit edlen Füllungen von Steinpilzen über Trüffel bis zu Lachs und Ricotta sowie italienische Feinkost werden hier angeboten.

Im Schnitt machen sich jede Woche ca. 1 t Rohmilchkäse von ausgesuchten Bauernhöfen auf den Weg nach Erlangen. Sie stammen zu 90 % aus Frankreich, ergänzt durch Ware aus Italien, der Schweiz, Holland und Deutschland. Etwa 0,75 bis 1 t Käse versendet Volker Waltmann dann wiederum innerhalb Deutschlands. Erfolgt die Bestellung bis 13 Uhr, erhalten die Kunden den Käse mit dem gewünschten Reifegrad innerhalb von 24 Stunden frei Haus. Auch in Italien, Österreich und Irland, ja sogar in den „Käseländern" Dänemark und Holland werden seine Käse genossen. Zu seiner Klientel zählen neben Privatkunden vor allem die gehobene Hotellerie und Gourmet-Gastronomie. Manchmal kommt der sympathische Franke kaum aus seinem Reife-Keller heraus, wo er

was der Schimmel bewirkt und wie man Käse richtig aufbewahrt. Auch viele Gastronomen nutzen die Gelegenheit, ihr Personal professionell schulen zu lassen, prägt Rohmilchkäse die deutsche Gourmet-Küche doch in entscheidender Weise. Auch so manch prominente Gala-Veranstaltung wurde schon

licher Runde schon mal bis in die Nacht hinein. Und am Ende haben die sympathischen Waltmanns all ihre Gäste mit ihrer Leidenschaft für den edlen Rohmilchkäse angesteckt. Bon appétit!

FELSIGES LAND DER BURGEN UND HÖHLEN

Schon von weitem machen raue, nackte Felsformationen inmitten üppig grüner Berghänge auf sich aufmerksam: Die hoch aufragenden Dolomitfelsen sind die stolzen Wahrzeichen der Fränkischen Schweiz. Ebenso wie trutzige Burgen, tiefe Tropfsteinhöhlen und vom Fachwerk geprägte historische Altstadtkerne.

In Forchheim besticht neben der Alten Hauptwache am Paradeplatz und der Fürstbischöflichen Kommandantur das Rathaus durch seine Zweiteilung aus spätgotischem Giebelbau und dem Magistratsbau aus der Frührenaissance. Gleich daneben fügt sich die St.-Martins-Kirche mit ihrem mächtigen Turm in die gelungene Fachwerkarchitektur. Die Krypta von 1200 verweist auf einen Vorgängerbau aus der Karolingerzeit und die spätgotische Tafelbildserie ergänzt harmonisch das barocke Innere.

Die einstige bischöfliche Wasserburg beherbergt das Pfalzmuseum mit Exponaten zur Regionalgeschichte. Auch das frühere Salzmagazin der Fürstbischöfe, das Katharinenspital mit Pfründnerhaus und Fachwerkgiebel, das auf Sandsteinsäulen in der Wiesent verankert ist, und die Spitalkirche, die seit 1688 in barocker Pracht glänzt, sind sehenswert. Das Walberla, wie das 512 m hohe Hochplateau Ehrenbürg bei Forchheim genannt wird, ist mit seinen beeindruckenden Dolomitfelsen der „heilige Berg" dieser Region und seit jeher eine Art „Kultfelsen", der schon von Steinzeitmenschen und Kelten besiedelt wurde. Sein Name geht auf das Kirchlein am westlichen Bergrand zurück, das der hl. Walburga geweiht ist.

Zu Füßen des Walberla bieten das 1000-jährige Kirchehrenbach mit der kath. Pfarrkirche St. Bartho-

FRÄNKISCHE SCHWEIZ –

lomäus (Rokoko-Ausstattung) und Wiesenthau mit seinem dreiflügeligen Renaissanceschloss lohnende Ausflugsziele.

Ebermannstadt begeistert mit seinem hübschen Fachwerkbild rund um den Marktplatz und der Marienkapelle, die mit einer Kassettendecke und Rokoko-Schnitzfiguren (Strahlenkranzmadonna!) auf sich aufmerksam macht.

Basilika von den dreigeschossigen Türmen bis zur dreiteiligen Fassade.

Die Burg Bodinstein, 60 m hoch über Pottenstein gelegen, bot 1227/28 der hl. Elisabeth von Thüringen Zuflucht, als sie nach dem Tod ihres Mannes von der Wartburg floh und Schutz in der Burg ihres Onkels, dem Bamberger Bischof Ekbert, suchte. Zu sehen sind Palas, Brunnenhaus, schindelgedeckter Treppenaufgang, Burgverlies und Bergfriedreste sowie die Zehntscheune.

sich an das Fachwerk- und Steinensemble „Judenhof". Hier standen einstmals zwei Burgen, die aber nach Kriegswirren zu Ruinen verfielen. Um 1700 siedelten sich in den Resten jüdische Familien an. Heute kann man hier den Synagogenraum sowie das Fränkische-Schweiz-Museum besichtigen.

Die Pfarr- und Wallfahrtskirche zur Hl. Dreifaltigkeit in Gößweinstein ist eine barocke Schönheit aus der Meisterhand Balthasar Neumanns. Der imposante leuchtend gelbe Sandsteinbau ist mit einer opulenten Ausstattung, dem Hochaltar, der scheinbar freischwebenden Kanzel und dem spätgotischen Gnadenbild der Maria aus dem 16. Jh. ein wahrer Augenschmaus Das Motiv der Dreifaltigkeit durchzieht die ganze

Ganz in der Nähe kann man eine der über 1000 Höhlen dieser Region erforschen: die Teufelshöhle mit 1,4 km begehbarer Länge. Wie die beiden anderen Schauhöhlen, die Bing- und die Sophienhöhle, bietet auch sie ein grandioses Schauspiel aus Stalaktiten und Stalakmiten, Höhlenbärskeletten und schillerndem Sinterschmuck.

In Tüchersfeld stößt man auf den wohl bekanntesten Dolomitfelsen der Fränkischen Schweiz. Der hohe Fels, der scheinbar jeden Moment hinabzustürzen droht, schmiegt

Die eindrucksvollsten Felsen dieser Region hören auf Namen wie Drei Zinnen, Hirschsprung oder Triumphbogen, Alter Fritz und Löwenfelsen. Auch der Felsengarten Sanspareil von Markgräfin Wilhelmine von Bayreuth bedient sich der natürlich angelegten Dramatik bizarrer Felsformationen, umgeben von Treppen, Brücken und einem Felsentheater.

Bayreuth ist von hier aus gut zu erreichen. Wenn nicht gerade die kulturbegeisterte Prominenz des Landes anlässlich der jährlichen Wagnerfestspiele im Festspielhaus auf „dem Grünen Hügel" zu Gast ist, geht es beschaulich zu. Sehenswert sind die Prachtbauten der Markgräfin Wilhelmine, der

Schwester Friedrich des Großen: das Alte Schloss, in deren Kirche Wilhelmine begraben liegt, das Neue Schloss mit Spiegelscherbenkabinett, Japanischem Zimmer und weiteren Prunkräumen sowie dem Hofgarten, das Alte Rathaus (Kunstmuseum) und die Spitalkirche.

HOTEL HERZOGSPARK

Hotel HerzogsPark

Beethovenstraße 6
91074 Herzogenaurach

Telefon: 09132/778-0
Telefax: 09132/40430

Tagungshotels gibt es viele zwischen Flensburg und Oberammergau, doch mit dem luxuriösen Hotel HerzogsPark in Herzogenaurach hat sich ein Haus der Spitzenklasse etabliert, das mit seinem umfassenden und herausragenden Angebot, welches Körper wie Seele gleichermaßen verwöhnt, neue Maßstäbe setzt.

In einem stilvollen, lichtdurchfluteten und klar designten Ambiente verbinden sich entspanntes Tagen mit komfortablem Wohnen und genussvollem Schlemmen. Das Hotel, das am Rande der Stadt auf einem großzügigen Gelände in idyllischer Ruhe residiert, bietet modernste Tagungstechnik in einem abgegrenzten Seminar-Bereich, der unge-störtes Arbeiten garantiert, vielfältige Wellness-Offerten, die von einer Badelandschaft über Beauty- und Spa-Angebote bis zu einem professionellen Fitness-Club reichen, sowie eine Gourmet-Küche, die sich fantasievoll und kreativ den Küchen dieser Welt verschrieben hat.

Das Konzept des Hauses unter der Leitung von Hoteldirektor Wolfgang Leyrer präsentiert sich wohl durchdacht und sorgfältig geplant. Die großzügigen, mit allem Komfort ausgestatteten Zimmer (stets über 38 qm groß!) und Suiten bieten Tagungsgästen wie Erholungssuchenden viel Raum zum Entspannen, warme Farben, viel Licht und ein ansprechendes Ambiente, das dem Zeitgeist entspricht, gemäß der Philosophie des Hauses: Wohnen mit allen Sinnen.

Auch das lukullische Angebot von Küchenchef Andreas Bockel gestaltet sich vielfältig und anspruchsvoll. Das „Stüberl" mit seiner leichten, mediterranen und frischen Saisonküche variiert seine Speisen mal fränkisch-bodenständig, mal italienisch inspiriert und hält auch vielfältige vegetarische Gerichte bereit. Im Gourmet-Restaurant „Mondial" beeindruckt eine internationale erlesene Auswahl an leichten, aromenreichen Speisen und hochwertigen Weinen aus aller Welt, die sicher keinen lukullischen Wunsch unerfüllt lassen.

Im rustikalen Weinkeller trifft man sich zur fränkischer Vesper, Weinfesten, dem traditionellen herzhaften Gänseessen im November und natürlich auf ein Glas Wein aus Franken oder anderen renommierten Weinanbaugebieten..

Dem Gast präsentiert sich also eine umfangreiche und fantasievoll komponierte Speisenauswahl, die neben den Genüssen aus

Pochiertes Kalbsfilet in Wildkräutern mit Pfifferlingen und Kartoffelblini

Zutaten

320 g Kalbsfilet
je 1/2 Bd. Petersilie u. Kerbel
je 1 Estragon-, Rosmarin- und
Thymianzweig
Trüffel- u. Olivenöl
Salz, Pfeffer

Sauce Perigordine

200 g Pfifferlinge
20 g Butter
120 g Gänseleberabschnitte
500 ml Kalbsfond
200 g Sahne
100 ml trockener Sekt
1 Spritzer Cognac
6 cl Trüffelsaft
8 Kartoffelblini

300 g Pfifferlinge
2 Schalotten, gewürfelt
Butter
1 EL geschl. Sahne

Zubereitung

Das sauber parierte Kalbsfilet salzen, pfeffern, mit Trüffel- u. Olivenöl einreiben, dann in den fein gehackten Kräutern wälzen, bis es ganz damit ummantelt ist. Zunächst fest in Frischhaltefolie, dann in Alufolie wickeln. Im Wasserbad bei ca. 85°C 12 – 14 Min. pochieren, ca. 5 Min. ruhen lassen (dabei eine Kerntemperatur von 52°C nicht überschreiten). Für die Sauce die grob geschnittenen Pfifferlinge in Butter anbraten, Gänseleber zufügen und mitrösten. Mit Kalbsfond u. Sahne auffüllen, auf die Hälfte reduzieren und durch ein feines Sieb passieren. Mit 60 ml Sekt vermischen, auf die gewünschte Konsistenz einkochen, mit Cognac, Trüffelsaft, Salz und Pfeffer abschmecken. Kartoffelblini in beschichteter Pfanne in Butter goldbraun backen, warm stellen. Pfifferlinge und Schalottenwürfel in Butter anbraten, salzen und pfeffern.

Das Kalbsfilet aus der Folie nehmen und aufschneiden. Mit Kartoffelblini und Pfifferlingen anrichten. Geschl. Sahne und restlichen Sekt unter die Sauce mixen und um die Kalbsfiletscheiben gießen.

HOTEL HERZOGSPARK

aller Welt auch die Heimat Franken nicht verleugnet. Mal bodenständig, mal edel variiert, von mediterran bis asiatisch macht die Küche des Hauses mit hochwertigen Grundprodukten dieser Region, gepaart mit exklusiver Raffinesse auf sich aufmerksam. So startet die Flusskrebssülze an Friséesalat und gefüllten Wachteleiern oder die Räucherforellentorte mit Kaviar und Tomaten-Gurken-Salat an Basilikumvinaigrette, bevor eine asiatische Zitronengrassuppe mit Geflügel oder eine leichte Schaumsuppe von Gartenkräutern überleitet zu rosa gebratenen Rehnüsschen mit Waldpilzen und Serviettenknödel, Lammrücken mit Thymianbutter gratiniert zu Ratatouillegemüse und

kleinem Kartoffeltörtchen. Für Freunde des maritimen Genusses reicht die Auswahl von Zitronenwaller auf Kartoffel-Selleriepüree und Zander in Pommery-Senfkruste auf Tomatengemüse und Parmesangnocchi bis zu Steinbeißerfilet auf Rote-Bete-Sauce und Trüffeltagliatelle, Variationen von Meeresfrüchten im Wan-Tan-Teig auf asiatischem Gemüse und Scampi malayische Art im Reisblatt gegart auf Zitronengrassauce. Zum Dessert krönen die Sorbet-Trilogie mit Saisonfrüchten, Crème Brûlée mit Obstragout und Champagnereis oder Topfenknödel auf Zwetschgenröster das Feuerwerk der Geschmackswelten.
Ergänzt wird das Angebot von dem einfallsreichen Veranstaltungskalender, welcher saisonorientierte Brunchs am Wochenende, eine Kochakademie mit einem prominenten Gastkoch sowie abwechslungsreiche Events

von Farb- und Stilberatung über Farbmeditation bis zu Golfturnieren und Gala-Abenden offeriert.
Zeit sollten Sie sich unbedingt für den großen Wellness-, Relax- und Beautybereich nehmen. Entspannung und Erholung wird

völlig neues Verständnis für ganzheitliche Gastlichkeit ist mit dem Hotel HerzogsPark entstanden, das eindrucksvoll die Philosophie umsetzt: Im Mittelpunkt steht der Mensch!
Und dieser vermag es hier – seinem Zuhause in der Fremde –, Körper, Geist und Seele auf eine besonders genussvolle Reise zu senden.

hier ganz groß geschrieben. Schwimmen Sie in der großzügig angelegten Badelandschaft, die auch mit Whirlpool, Duschtempel, Bio-Sauna, Dampfbad, Solarium und Wärmebank sowie einem Entspannungsraum aufwartet. Gönnen Sie Ihrem Körper eine Massage in der hauseigenen Physiotherapie-Praxis, eine Farblichttherapie oder eine Sauerstoffdusche, tanken Sie im Fitness-Club Energie oder widmen Sie Ihrer Schönheit besondere Aufmerksamkeit im Beauty-Center.

An dieser Stelle soll noch eine ganz außergewöhnliche Einrichtung des Hauses Erwähnung finden: der Zeitraum. Durch eine Schleuse, die einem Geburtskanal gleicht, betreten Sie eine andere Welt, schütteln Ihren Alltag ab und besinnen sich auf Ihr Inneres. Leise meditative Musik, ein behutsames Hell-/Dunkelspiel, das den Sonnen-Rhythmus eines ganzen Tages simuliert, sowie sanft fließendes Wasser entführt den gestressten Menschen in einen Zustand, der die Seele streichelt. Warme Farben, wechselnde Lichter, leise Musik und fließendes Wasser, das eine Kegelskulptur im Zentrum des kreisrunden Raumes umgibt, lassen die Besucher in bequemen Liegesesseln ihren Alltag vergessen und die innere Stärke revitalisieren.

Nicht ohne Grund wurde das innovative Hotel bereits mehrfach ausgezeichnet. Steht doch hinter jedem Angebot der Gedanke, den Gast zu umsorgen, zu verwöhnen. Ein

SCHAMEL MEERRETTICH

Schamel Meerrettich GmbH

Johann Jakob Schamels Erste
Bayerische Meerrettichfabrik

Industriestraße 24–34
91081 Baiersdorf

Telefon: 09133/7760-0
Telefax: 09133/7760-77

Der Meerrettich, auch Kren genannt, gehört zu den bekömmlichsten und bekanntesten Delikatessen und wird schon seit dem 15. Jahrhundert im „Meerrettich-Land" Franken, dem größten und traditionsreichsten Anbaugebiet der Welt, kultiviert. Gern setzen Feinschmecker die wertvolle Wurzel zur Verfeinerung von Gerichten, Suppen und Saucen ein und gerade in der fränkischen Küche spielt sie eine Hauptrolle, so macht z. B. erst die Meerrettichsauce den Tafelspitz zum „Fränkischen Hochzeitsessen".
Der Meerrettich bedarf viel Pflege und sorgfältiger Handarbeit. Im Frühjahr gepflanzt, muss man ihn bis zur Ernte im Herbst zwei Mal aus- und wieder eingraben und dabei alle Nebentriebe entfernen.
Und nur die besten, handverlesenen und nach strengen Qualitätsrichtlinien geprüften Stangen erreichen dann das traditionsreiche, 1847 gegründete Familienunternehmen Schamel in der „Meerrettich-Hauptstadt" Baiersdorf. Johann Jakob Schamel und seiner Idee, reibfrischen Meerrettich genussfertig anzubieten, ist es zu verdanken, dass wir keine heißen Tränen beim Meerrettich-Rei-

ben mehr vergießen müssen, sondern eine umfangreiche Produktpalette vorfinden, die den hervorragenden Ruf der „Ersten Bayerischen Meerrettich-Feinkostfabrik" begründete. Die Verarbeitung ist noch immer ein wohl gehütetes Geheimnis und die Firmen-

philosophie lautet damals wie heute: „Nur das Beste oder gar nichts!"
Viel Innovationsgeist und Weitblick für die Bedürfnisse des Marktes haben die Brüder Hanns-Thomas und Hartmut Schamel, die das weltweit operierende Unternehmen in 5. Generation mit der gleichen Begeisterung für die edle Wurzel wie ihre Vorgängergene-

rationen leiten, beim ausgefeilten Sortiment bewiesen.

Während der fein-würzige Sahne-Meerrettich durch feine Alpensahne auch für Meerrettich-Einsteiger geeignet ist, kommt für echte Kren-Kenner nur der erntefrisch geriebene extra scharfe Rachenputzer in Frage. Der scharf-würzige Bayerische Meerrettich, mit Essig, Öl und Gewürzen zubereitet, besteht zu 100 % aus bayerischer Rohware. Die delikaten „scharfen Früchtchen", Preiselbeer-Sahne- und Apfel-Sahne-Meerrettich, warten mit einem fruchtig-milden Geschmack auf. Regional verwurzelt präsentieren sich die beiden „Echt fränkischen", süß-scharf und nach altfränkischem Familienrezept hergestellten Sorten „Hausmacher-Kren" und „Apfel-Kren". Kalt wie warm mundet der „Kren-Meister", eine Meerrettich-Sauce mit Raspelkren, und scharf bis pikant zeigen sich die würzigen Feinkostkreationen von der „Kräuter-Hexe", einer Meerrettich-Kräuter-Remoulade, und der „Würz-Marie", einem Meerrettich-Gewürzketchup, bis zu dem Meerrettich-Senf „Scharfer Max" und der vollwürzigen Meerrettich-Senfsauce

„Wilde Hilde". Die Senf-Dill- und Dill-Sahne-Sauce, verfeinert mit Meerrettich und Honig, komplettieren das Angebot.

Für all jene, die mit der feurigen Wurzel nicht ganz so vertraut sind, veranstalten die Schamels gemeinsam mit ausgewählten Gastronomen alljährlich „Scharfe Wochen in der Fränkischen Schweiz" mit vielen erlesenen Gerichten rund um den äußerst gesunden Meerrettich, enthält er doch viel Vitamin C, Mineralstoffe und sogar antibiotische Substanzen – seine ätherischen Öle, die dem Gaumen so viel Freude bereiten, nicht zu vergessen. Meerrettich stärkt den Kreislauf, aktiviert den Stoffwechsel, hilft der Verdauung und beugt Erkältungen vor.

Tipp: Im weltweit einzigen Meerrettich-Museum in Baiersdorf erfahren Sie alles Wissenswerte über Anbau, Verarbeitung und Heilwirkung der scharfen Wurzel.

LANDGASTHOF ZUR SONNE

schweren Eichenbalken und der urigen Einrichtung. Moderne Kochkultur, vereint mit alten Familien-Rezepten, trifft man dagegen in der Sonnen-Küche an, die dafür 2003 sogar mit dem 1. Preis des Wettbewerbs „Bayerische Küche" belohnt wurde. Eine frische, regional verwurzelte Speisenauswahl wird in den gemütlichen und liebevoll dekorierten Stuben – in Großmutters Stüberl, der alten Wirtsstube, im lauschigen Innenhof und sogar im einstigen Kuhstall – dargeboten. All das, was Franken zu bieten hat, greift man auch im Landgasthof Zur Sonne schmackhaft auf: Karpfen und Forelle, die sich sowohl „blau" als auch „nach Müllerin Art" sehen lassen kann, schwimmen im eigenen Fischbecken, Fleisch und Gemüse stammen von den Bauern des nahen Umlandes,

Der stattliche, über 400 Jahre alte Landgasthof Zur Sonne hat seinen festen Platz in der kleinen Gemeinde Kirchehrenbach am Fuße der 512 m hohen Ehrenbürg in der idyllischen Fränkischen Schweiz. Seit 1650 trifft man sich beim „Dennerschwarz", wie die Wirtsfamilie Gebhard hier genannt wird, und unter ihrer Leitung ist die Sonne seit jeher als Mittelpunkt des gesellschaftlichen Lebens etabliert. Inzwischen wird die herzliche Gastfreundschaft in nunmehr 10. Generation weitergegeben und noch immer beherrschen Tradition und Historie die gemütlichen Gaststuben mit den

Landgasthof Zur Sonne

Hauptstraße 25
91356 Kirchehrenbach

Telefon: 09191/9265
Telefax: 09191/979903

Ruhetage: Montag, Dienstag

tionellen fränkischen Braten wie Schweine-krusten- und Sauerbraten, welcher noch im-mer nach Omas Rezept zubereitet wird. Der Braten vom Maibock kommt mit Kloß und Blaukraut, die gebratenen Rehnüsschen mit einem Spargelragout und Baggers daher und das ofenfrische Schäufala umgibt sich mit dem Gemüse des Tages. Auch die fantasie-vollen Desserts wie gebackene Holunderblü-ten auf Vanillesauce oder Pfefferminzparfait mit marinierten Erdbeeren verwöhnen Auge und Gaumen. Die harmonisch korrespondie-renden Weine liegen besonders Juniorchef Tobias Gebhard am Herzen. Die über 100 Positionen, darunter 18 offene Weine, um-fassen neben Franken auch die renommier-ten Weinregionen Baden, Pfalz, Mosel und Rheingau.

Nach dem Essen sollten Sie unbedingt einen Edelbrand aus der hauseigenen Brennerei, gebrannt mit Obst aus eigenem biologischen Anbau, kosten.

Schließlich können Sie anschließend in ei-nem der behaglichen Gästezimmer, die das liebevolle Ambiente des Hauses einmal mehr widerspiegeln, noch länger in der schönen Fränkischen Schweiz verweilen.

Hase, Reh, Wildgeflügel oder Wildschwein erlegt Seniorchef Hubert Gebhard höchst-selbst, während das Obst im eigenen Garten gepflückt wird. Sehr beliebt sind die tradi-

Rehmedaillons in Pfifferling-sauce

Zutaten
8 Rehmedaillons à 50 g
Butterschmalz
Salz, Pfeffer
Je 1 Thymian- und Rosmarinzweig
50 ml Wildfond
400 g Pfifferlinge
2 EL Sahne

Zubereitung

Rehmedaillons salzen und pfeffern, in einer heißen Pfanne mit Butter-schmalz und den Thymian- und Rosmarinzweigen für ca. 4 Minuten von beiden Seiten braten.
Pfifferlinge in Butterschmalz andüns-ten, mit Wildfond ablöschen und sachte köcheln lassen. Die Sahne hin-zufügen und mit Salz und Pfeffer nach Belieben abschmecken.
Als Beilage empfiehlt die Küche das Landgasthofes Zur Sonne Baggers (das ist eine vor allem hier in Kirch-ehrenbach bekannte Kartoffelspe-zialität), Schupfnudeln oder Maul-taschen. Im Sommer passt auch ein frischer Salat dazu.

HOTEL GOLDENER ANKER

Hotel Goldener Anker

Opernstraße 6
95444 Bayreuth

Telefon: 0921/65051
Telefax: 0921/65500

Ruhetage: Montag, Dienstag

Bayreuth ist weltberühmt wegen Richard Wagner. Doch auch abseits der allsommerlichen Pilgerströme zu den Bayreuther Festspielen lädt die Stadt mit ihren zahlreichen Spuren von Markgräfin Wilhelmine, der Schwester Friedrich des Großen, Franz Liszt und Jean Paul zu einer Entdeckungsreise ein. Landschaftlich reizvoll gelegen, hat Bayreuth die Fränkische Schweiz und das Fichtelgebirge vor der Haustür.

Hier führt die Kulinarische Entdeckungsreise in das renommierte und traditionsreiche Hotel Goldener Anker, das selbst ein Stück Bayreuther Geschichte verkörpert. Bis 1500 lässt sich die Geschichte der Familie Köhler im Goldenen Anker mit Brau- und Gastrecht zurückverfolgen. Als die Markgräfin Wilhelmine in direkter Nachbarschaft ihr bis heute original erhaltenes Opernhaus und das Neue

Schloss erbauen lässt, stellt sie den Hausbesitzern die gleichen schönen Sandsteinquader für deren Fassaden zur Verfügung, die auch bei ihren eigenen Bauten Verwendung fanden. Ihr Stadtarchitektur-Ziel heißt „Prachtstraße".

So mausert sich die „Köhlersche Gastei" 1753 vom niedrigen Giebelhaus zum Prachtbau und erhält die „Hotelgerechtigkeit" und danach den Namen „Goldener Anker". Herzoginnen, Prinzen und Könige geben sich nun die Ehre und neben ihnen tragen sich große Namen aus Kunst, Kultur und Politik in das historische Gästebuch ein. Heute wie damals ist diese Familie, deren Name sich durch Heirat in „Graf-Handel" änderte, von der Leidenschaft erfüllt, für die Erhaltung, Verbesserung und Verschönerung des barocken Hauses zu leben. Nur so konnte dieses

Kleinod, das während aller Kriege von Zerstörung und Verwüstung bewahrt blieb, dem Auf und Ab der Geschichte bis heute trotzen. Nach ihren Lehr- und Wanderjahren, die sie unter anderem zu Alfons Schubeck und zu Dieter und Elvira Kaufmann in das 2-Sterne-Restaurant „Zur Traube" nach Grevenbroich führte, übernahm das Ehepaar Graf-Handel 1999 die Geschicke des Goldenen Ankers und etablierte wieder eine anspruchsvolle französische Gourmet-Küche in den noch von 1927 original erhaltenen Art-déco-Räumlichkeiten mit ihrem unvergleichlichen Charme.

Die immer frischen und hochwertigen Grundprodukte stellt Matthias Handel bei seinen Kreationen in den Vordergrund, ohne sie durch unnötige Effekthaschereien in Szene setzen zu müssen. Diese ehrliche Art seiner kulinarischen Kunstfertigkeit verpackt er in 3- bis 6-Gang-Menüs und ein kleines, feines À-la-carte-Angebot.

Die Weine der Weinkarte, die Eva Graf-Han-

del ebenso kompetent wie charmant offeriert, stammen von drei renommierten fränkischen Weingütern. Daneben gibt es eine hochwertige Auswahl an weiteren deutschen Weinen großer Anbaugebiete und Winzern sowie Gewächse aus Frankreich, Italien und Spanien.

Die Entführung aus dem grauen Alltag unserer schnelllebigen Zeit wird nach kulinarischen Genüssen in den stilsicher renovierten Zimmern und außergewöhnlichen Suiten fortgeführt.

Die 35 Zimmer verzaubern im englischen oder französischen Stil, mal klar und akzentuiert eingerichtet, mal romantisch mit Himmelbett oder im Schlosscharakter mit einem

funkelnden Kronleuchter, barock üppig oder mit einer frei stehenden Nostalgie-Badewanne.

Der Goldene Anker ist auf einer kulinarischen Entdeckungsreise ein idealer „Ankerplatz", an dem Historie lebendig beibt!

FICHTELGEBIRGE UND FRANKENWALD –

Blick auf den Ochsenkopf

Schneeberg Backöfele

Ein besonders eindrucksvolles Schauspiel bietet das Felsenlabyrinth Luisenburg mit vielen imposanten Granitblöcken, steilen Felswänden, tiefen Schluchten und schmalen Grotten.

Das Kneippheilbad Bad Berneck lohnt einen Abstecher wegen seiner historischen Altstadt, der klassizistischen ev. Pfarrkirche Hl. Dreifaltigkeit und den beiden Burgruinen, Burg Neu-Wallenrode und Walpotenburg, von der nur noch der 30 m hohe Schlossturm steht. In Gefrees können nach einem großen Stadtbrand nur noch das Künnethsche Haus mit seiner schönen Barockfassade und die Friedhofskapelle aus dem 16. Jh. Zeugnis von einer bewegten Vergangenheit ablegen. Von hier aus lohnt ein Ausflug zu Schloss Stein im Ölschnitztal, das im 11. Jh. erbaut wurde und damit eine der ältesten Felsburgen des Fichtelgebirges ist. Bis heute erhalten geblieben ist die 1686 errichtete Kapelle.

Verwunschen und ursprünglich zeigt sich das Fichtelgebirge dem Auge des Betrachters. Alte Sagen und Legenden kommen einem in den Sinn, wenn man die fast mystisch anmutenden Wälder, dessen Grün in facettenreichen Tönen im Sonnenlicht changiert, und die imposanten, scheinbar wie von Riesenhand geschaffenen Felslandschaften erforscht.

Der Marktplatz von Marktleuthen mit seinen Bürgerhäusern aus dem 19. Jh. ist ein pittoresker Blickfang. Die ev. Pfarrkirche St. Nikolaus zeigt eine Renaissance-Kanzel von 1617, einen Akanthus-Altar von 1667 sowie eine schöne Kassettendecke und einen Taufengel aus dem 18. Jh.

Auch Marktredwitz hat viel zu bieten: das schöne Historische Rathaus von 1384 mit seinem Renaissance-Erker, den Redwitzer Brunnenlöwen, eine mächtige Steinfigur von 1739, und die Winkelmühle aus dem 16. Jh. Die St.-Bartholomäus-Kirche präsentiert sich als dreischiffige Hallenkirche mit gotischem Sakramentshäuschen und einer Renaissance-Kanzel mit filigranen Intarsien. Die Theresien-Kirche im Rokokostil mit opulenten Deckenfresken geht auf eine Stiftung der österreichischen Kaiserin Maria Theresia zurück. Im klassizistischen Neuen Rathaus, früher Wohnhaus des Bürgermeisters, war bereits Goethe zu Gast.

Das Fichtelgebirgsmuseum in Wunsiedel zeigt Sammlungen zur Geschichte und den Lebensbedingungen der Menschen in der oberfränkischen Region. Das malerische Stadtbild umfasst 32 (!) Brunnen, das stolze Koppetentor mit seiner altdeutschen Turmbekrönung und die Stadtkirche St. Veit mit einem gotischen Chorraum.

Der idyllische Frankenwald wird oft als „grüne Krone Bayerns" bezeichnet. Die wunderschöne Landschaft mit ihren sanften waldreichen Hügeln ist größtenteils als Naturpark unter besonderem Schutz gestellt worden.

ROSENTHAL AG

Blick in die Zukunft. Tradition und Avant-
garde verschmolzen dabei in all den Jahrzehnten zu einem harmonischen Paar.
Die Marke Rosenthal setzt Maßstäbe und
kreiert Trends. Je nach Epoche mal klar,
schlicht und asketisch zurückhaltend, dann
wieder romantisch verklärt, stylish in Weiß
oder reich an Dekor und extravagant.
Geheimrat Dr. h. c. Philipp Rosenthal grün-
det 1879 in Selb eine kleine Porzellanfabrik.
Das „Ruheplätzchen für brennende Cigarren"
wird zu seinem ersten Erfolgsstück. Fortan
schreibt er mit Weitblick und kunstsinnigem
Gespür Porzellangeschichte. Z. B. mit der
nach der zweiten Ehefrau Rosenthals be-

Rosenthal AG

Philip-Rosenthal-Platz 1
95100 Selb

Telefon: 09287/72-0
Telefax: 09287/72-225

℟osenthal – dieser Name steht
für Schönheit und Perfektion auf
höchstem Niveau. Die fast 125-
jährige Unternehmensgeschichte
blickt mit Stolz und Selbstbewusst-
sein auf ihre Historie zurück und
wagt zugleich den innovativen

nannten Serie Maria, noch heute Teil der Kollektion Rosenthal classic, welche die Tradition des Hauses in Porzellan- und Glas-formen zeitlos aufnimmt und weiterträgt. In den 20er Jahren wagt Rosenthal den Sprung über den großen Teich und baut sein Unternehmen weltweit aus. Auch sein inno-vativer Sohn Philip Rosenthal jun. setzt neue Meilensteine. Er holt internationale Künstler und Designer ins Creative Center nach Selb: Die Rosenthal studio-line ent-steht und stellt die Designkompetenz des Unternehmens einmal mehr unter Beweis mit individuellen Porzellanformen, die sich dem aus den USA entlehnten „industrial design" verschrieben haben und das „Origi-nale ihrer Zeit" einfangen. Das Tee-Service

mit Kollektionen wie Loft, Vario oder Amici formschönes, schlichtes und alltagstaugliches Geschirr, das vor allem eine junge Klientel an-spricht.

Jedes Stück des Hauses Rosenthal, von den trendigen Linien bis zu exklusivsten Luxus- und Kunst-Kollektionen, ist das Ergebnis von kunstvoller Handarbeit und viel Sorgfalt, höchster Qualität und modernster Technik.

Als Hommage an Philip Rosenthal entwarfen nun namhafte Künstler wie Günter Grass oder Marcello Morandini 17 ausdrucksstarke Ob-jekte und realisierten darüber hin-aus auch Produktvisionen des gro-ßen Unternehmers. Sie spiegeln die Rosenthal-Philosophie „mit Kunst leben" mehr als eindrucksvoll wider.

Tipp: Im Rosenthal-Shop finden Sie eine umfangreiche und beeindru-ckende Auswahl an Porzellan, Glas, Besteck und Wohnaccessoires. Hier werden Sie sicher manch ein Stück entdecken, das gelebte Kunst auch zu Ihnen nach Hause bringt.

Fassade), Friedensreich Hundertwasser (Natur-Fassade) sowie Marcello Morandini (Spiegelfassade) gestaltet.

Heute ist die Rosenthal AG im Verbund mit Waterford Wegdwood, nach der Übernahme der Marke Hutschenreuther und durch Li-zenz-Kooperationen mit Versace und Bulgari Weltmarktführer für exklusives Porzellan. Unter der Marke Thomas bietet Rosenthal

TAC 1, das Walter Gropius gemeinsam mit The Architects' Collaborativ (TAC) entwirft, Form E oder Form 2000 werden weltbe-kannt. Weitere Highlights sind die Kollek-tionen Zauberflöte, Suomi und Moon. Auch Glas- und Besteck-Kollektionen ergänzen die Produktpalette.

Außergewöhnliche Kunstwerke entstehen für die Limitierten Kunstreihen, die Rosen-thal auf Anregung des documenta-Begrün-ders Arnold Bode initiierte: Reliefs, dreidi-mensionale Objekte und Künstlerdekore u. a. von Roy Liechtenstein, Ernst Fuchs, Salva-dor Dali oder HAP Grieshaber lassen Kunst und Funktion verschmelzen – die Vision Rosenthals wird wahr.

Die heutige Hauptverwaltung in Selb ist selbst ein Kunstwerk, die Fassaden wurden von den Künstlern Otto Piene (Regenbogen-

GASTHAUS EGERTAL

Gasthaus Egertal

Wunsiedler Straße 49
95159 Weißenstadt

Telefon: 09253/237
Telefax: 09253/500

Ruhetag: Dienstag

Der Weg nach Weißenstadt führt nicht nur mitten durchs idyllische Fichtelgebirge, er lohnt auch wegen eines schlicht „Gasthaus" genannten Hauses, das sich durch eine außergewöhnliche Küche auszeichnet, die – und das ist wahrlich eine Seltenheit in der deutschen Gourmetlandschaft – nun schon seit 25 Jahren in Folge von einem Michelin-Stern gekrönt ist.

Mit ihrer frischen, kreativen Küche feiern die Brüder Hans Peter und Theo Rupprecht nun seit Jahrzehnten große Erfolge – und sind doch immer bescheiden geblieben, auch wenn schon so mancher Prominenter hier schlemmte (Tipp: Werfen Sie unbedingt einen Blick auf die Bildergalerie im 1. Stock). Eurotoque-Chef und Mitglied der Chaine des Rotisseurs Hans Peter Rupprecht besticht durch einen innovativen Kochstil, der durch die Grundprinzipien der französischen Küche geprägt ist und sich mit dem Fränkischen wie dem Mediterranen vermählt. Die Speisekarte liest sich – gemäß der Philosophie des familiären Hauses: „Es kommt nur auf die Karte, was uns selbst auch schmeckt" – wie eine harmonische Reise durch die Aromenvielfalt dieser Erde und spiegelt dabei den saisonalen Schwerpunkt einer jeden Jahreszeit wider.

Das Lammkaree bettet sich auf ein Schalottenconfit, der Tatar von der hausgebeizten Forelle vereint sich mit mariniertem Hummer auf wildem Spargel, das Lottekotelett wird mit Hummer und Kräutern im Kalbsfond geschmort, während die Entenbrust mit Mandeln und Honig gebraten daherkommt. Auch die Wahl zwischen Egertaler Mousse au Chocolat, Schokola-dentarte mit Blutorangenconfit oder Topfencreme auf geliertem Rhabarber fällt denkbar schwer. Bruder Theo umsorgt als Patron des Hauses seine Gäste charmant und souverän. Mit viel Erfahrung berät Sommelièr Dora Rupprecht diese dann bei der Auswahl des

passendes Weines. Schwerpunkt liegt auf renommierten Franken, doch auch internationale Positionen bietet das erlesene Angebot.

Neben dem eleganten Restaurant laden die „Prinz-Rupprecht-Stube" mit einer leichten Bistro-Küche, der Wintergarten und die Terrasse (mit Sonnenuntergangsgarantie!) zum fröhlichen Beisammensein ein.

Wo auch immer Sie Platz nehmen, der Weg führt stets an der offenen Küche vorbei,

wo jeder Gast herzlich eingeladen ist, den Kochkünstlern zuzuschauen oder ein kleines „Küchenschwätzchen" zu halten. Steife Gourmet-Etikette werden Sie hier dagegen vergeblich suchen.

Gemeinsam kochen, lachen und genießen heißt es auch bei den beliebten Koch-Kursen, bei denen Hans-Peter Rupprecht und sein Souschef Jens Schaffer versuchen, ein Teil ihrer Leidenschaft fürs Kochen weiterzugeben.

Heilbutt im Tomaten-Ingwerfond mit Pfifferlingen
Für 6 Personen

Zutaten

1,3 kg Heilbutt m. Knochen
6 Tomaten
2 Knoblauchzehen
1 Ingwerknolle
Zwiebel, Karotte, Sellerie
Pfeffer, Salz
Zucker
Basilikum, Thymian
Worcestersauce
1 Zitrone

Zubereitung

Heilbutt vom Knochen lösen, in gleich große Stücke schneiden. Aus den Knochen mit kaltem Wasser, Salz, Zwiebel, Karotten, Sellerie einen Sud ansetzen, anschl. einmal aufkochen, Eiweißschaum abschöpfen und nur noch ziehen lassen.

Tomaten kurz mit kochendem Wasser überwallen, häuten und entkernen. Tomatenabgänge mit Zwiebeln, Knoblauch, geschältem Ingwer in Olivenöl anbraten, mit 800 ml Fischfond auffüllen. Zitrone, etwas Worcestersauce, Basilikum, Thymian zugeben und köcheln lassen, mit Salz, Zucker abschmecken. Durch ein feines Sieb passieren. Heilbuttstücke salzen, pfeffern, in heißem Olivenöl scharf anbraten, dann in den heißen Tomatenfond legen. Gewürfelte Tomatenfilets mit Pfifferlingen in gleicher Pfanne kurz anziehen und ebenfalls dazugeben. Heilbutt ca. 5 Min. ziehen lassen. Vorm Servieren einige in Streifen geschnittene Basilikumblätter einstreuen.

die Zimmer des Hauses, edel-rustikal mit hellem Holz, einer Einrichtung im Landhaus-Stil und Accessoires, die für ein gemütliches Wohlfühl-Ambiente sorgen. Der Wintergarten lässt den Blick weit über die grünen Wiesen und waldreichen Hänge des Frankenwaldes schweifen. Auch mit seinem Gourmet-Express hat das Haus sich einen exzellenten Namen erworben. Das Sellanger-Catering-Team richtet jedes Fest individuell und professionell in gewohnter Qualität mit Stil und Anspruch aus – gemäß der Maxime: Genießen erlaubt!

„Natürliche Gastlichkeit genießen" – so lautet das Motto des idyllisch gelegenen Landgasthofes Sellanger (ganz in der Nähe der A9 und A72). Hier lässt es sich genüsslich schlemmen, fühlt sich der Landgasthof doch als Gründungsmitglied des Vereins „Gut essen im Frankenwald" verpflichtet, die Gaben dieser Region fantasievoll und aromenreich zu präsentieren. Eurotoques-Chefin Brigitte Benker und Ehemann Wilfried bieten ihren Gästen eine leichte, mediterrane Variation fränkischer Spezialitäten mit vielen kulinarischen Highlights von der Trüffelsuppe vom fränkischen Schiefertrüffel bis zum Lammlaibel in Kalbsbrät gehüllt auf Knoblauchsauce. Ein Schäfer liefert zartes Weidelamm, ein Bio-Bauernhof frische Enten. In den eigenen Teichen tummeln sich Saiblinge, Karpfen und Forellen und das knusprige Brot wird täglich frisch gebacken. Die Gaststuben präsentieren sich, ebenso wie

**Hotel-Landgasthof
Sellanger**

Stauden 1
95152 Selbitz-Sellanger

Telefon: 09280/1003
Telefax: 09280/5906

„Tagen, Feiern, Urlauben und Genießen – mit den besten Aussichten" – so lautet die Philosophie des in herrlicher Natur am Rande von Frankenwald und Fichtelgebirge gelegenen Waldhotels Heimatliebe. Unter der Ägide der Familie Heckel präsentiert es sich als Oase der Ruhe und des Genusses. Hinter der romantischen Fassade mit dem wehrhaften Turm kann der Gast zwischen liebevoll eingerichteten Gasträumen wählen. Im fränkisch-rustikalen Bierstüberl, im hellen, freundlichen Restaurant oder im eleganten Stüberl „Vier Jahreszeiten" und im Sommer auf der großzügigen Terrasse bietet Küchenchef Gustav Heckel fränkische Schmankerln, wie ein Karpfensülzchen mit Dillcreme und Vollkornbrot, ebenso wie leichte, mediterrane Gerichte, etwa Rotbarbenfilets mit Kräutern in Olivenöl gebraten, serviert mit einem Kartoffel-Artischocken-Gemüse. Professionell und engagiert, aber ebenso familiär und herzlich serviert Eva Heckel ihren Gästen die lukullischen Tafelfreuden.

Oberste Maxime ist Frische, Qualität und Regionalität. Dazu pflegt Gustav Heckel seine Beziehungen zu Bauern, Jägern,

Fischern und Züchtern der Umgebung.

Passend dazu offeriert die Weinkarte neben heimischen Franken auch italienische und französische Spitzenweine.

Wer von weither anreist oder eine der abwechslungsreichen kulinarischen Themenwochen genießen möchte, dem empfiehlt sich eines der gemütlichen Gästezimmer mit schönem Blick hinaus in die idyllische Landschaft.

Waldhotel Heimatliebe

Heimatliebe 1
95234 Sparneck

Telefon: 09251/99590
Telefax: 09251/7598

RESTAURANT HARMONIE

Restaurant Harmonie

Schlossberg 2
95192 Lichtenberg

Telefon: 09288/246
Telefax: 09288/924541

Ruhetag: Dienstag

Die Kulinarische Entdeckungsreise ist zu Gast in dem romantischen Restaurant Harmonie im Frankenwald-Städtchen Lichtenberg, das mit einer fränkisch verwurzelten, aber ebenso virtuos inszenierten mediterranen Küchenkunst aufwartet, die sich der hochwertigen Grundprodukte dieser Region selbstbewusst bedient.

Als Teil der imposanten Burganlage diente das 1823 errichtete Gebäude dem gehobenen Bürgertum der Stadt als Gesellschaftshaus – die Gaststube ist sogar noch immer im Originalzustand erhalten.

Als Familie Lentz das Traditionshaus 1981 übernahm, richtete sie es mit liebevoller Hand als wahres Jugendstil-Kleinod ein, das genussvolles Speisen in gemütlich-historischem Ambiente verspricht (achten Sie besonders auf die heimeligen Plätze auf der

offenen Galerie). Im Sommer bietet die idyllische Gartenterrasse mit ihren alten Bäumen einen weiten Blick in den Natur-park Frankenwald.

Ein herzlicher persönlicher Kontakt zu ihren Gästen ist Renate Lentz und Tochter Susan-ne sehr wichtig. Charmant und zuvorkom-mend umsorgen sie ihre Gäste, während Küchenchef Richard Lentz gemeinsam mit Tochter Iris gekonnt den Spagat zwischen Gourmet-Küche und traditioneller Haus-mannskost meistert.

Die Region ist reich an hochwertigen Spezi-alitäten wie Zicklein, Rind, Lamm und Wild sowie Forelle, Karpfen und Waller. Familie Lentz zieht sogar höchstselbst Lämmer, Käl-

ber und Geflügel groß und hegt und pflegt sie liebevoll. Die Qualität des Fleisches dankt diesen Einsatz mit einem unverwechselbaren Geschmack.

Die natürlich-regionale Frankenwaldküche bietet Schmankerln vom zünftigen Schlacht-fest über die rustikale Tafelspitzsülze bis zur Rehkeule in Rahmsauce.

Neben knuspriger Bauernente, Blauen Zip-feln, Fränkischer Festtagssuppe und Brat-würsten auf Fasssauerkraut mit frischem Bauernbrot ist aber auch der fantasievolle Blick über den fränkischen Tellerrand ge-wollt.

Das Filetsteak vom Angusrind bettet sich mit in Trüffelbutter gebratenen Egerlingen auf Rotweinsauce, die Schweinemedaillons auf Gorgonzolasauce werden von mit Par-maschinken gefüllten Nudeltäschchen be-gleitet. Das Filet vom Norweger-Lachs wird mit Spargel-Flusskrebsschwanzragout, die Crème Brûlée mit Obstsalat und Walnusseis serviert.

Franken und die Welt als harmonisches lukullisches Paar: Dies gilt auch für die, zum großen Teil auch offen kredenzten, fränki-schen Weiß- und mediterranen Rotweine. Auch die mittelalterlichen Menüs, die beim „Luther-Abend" serviert werden, und Köst-lichkeiten im historischen Gewand anläss-lich des Burgfestes im September beweisen einmal mehr die Wandlungsfähigkeit des Hauses.

Maispoulardenbrüstchen mit gebratenem Sommergemüse

Zutaten

4 Maispoulardenbrüstchen
je 1 gelbe und rote Paprika
je 2 Zucchini (klein)
und Karotten
250 g frische Pfifferlinge
4 EL Olivenöl
je 1 Zweig Thymian und Rosmarin
etwas Knoblauch
Salz, Pfeffer

Zubereitung

Maispoulardenbrüstchen mit Salz und Pfeffer würzen und mit den Kräutern in Olivenöl bei mittlerer Hitze etwa 15 Minuten anbraten. Das Gemüse in Würfel schneiden, im restlichen Olivenöl gemeinsam mit den Pfiffer-lingen und etwas Knoblauch anbraten. Das Gemüse sollte noch etwas knackig sein.

Mit Salz und Pfeffer abschmecken und mit den Poulardenbrüstchen anrichten.

BRAUEREI-GASTHOF UND HOTEL GROSCH

Das Bierbrauen hat eine lange Tradition in Rödental. 1425 als Schenkstatt zu Oßleyn erwähnt, erhält der Besitz 1492 das Braurecht. 1852 verlieh Heinrich Grosch dem Haus seinen heutigen Namen und mit Kerstin Pilarzyk übernahm am 1. April 2001 die nunmehr 6. Generation den Familienbetrieb mit gemütlichen Gaststuben und im Landhausstil eingerichteten Hotelzimmern.

mereien wie die umfangreiche Bratenauswahl zu original Thüringer Klößen, Grosch's Bierleberle in Biersauce oder den Braumeistertopf mit Zwiebel-Specksauce. Die Abendkarte offeriert fränkische, saisonal orientierte Gerichte wie fangfrische Forellen aus dem Kräutersud, gebratenes Zanderfilet mit Walnussbutter und Apfelstückchen oder die leckere Fuhrmannspfanne – ein Rumpsteak an Dunkelbiersauce mit Rödener Kuhkäse überbacken.

Empfehlenswert sind auch die Führungen durch die Familienbrauerei, die mit einem köstlichen Biermenü verbunden werden können.

Ausgeschenkt werden ausschließlich untergärige Biere: Herb-frisch schmeckt das Pilsner, malzig-würzig das Schwarzbier „Fuhrmannstrunk". Das Bockbier in der Bügelverschluss-Flasche ist eine Spezialität für die kalten Monate, während das Erntebier mit seinen 3 % Alkohol und das süffige Radler eher im Sommer munden. Das Zwicklbier ist ein unfiltriertes hefetrübes Pilsner, der würzige Malztrunk schmeckt besonders den Kindern, die hier besonders willkommen sind.

Mittags gibt es vor allem rustikale Schlem-

Brauerei-Gasthof und Hotel Grosch

Oeslauer Straße 115
96472 Rödental

Telefon: 09563/750-0
Telefax: 09563/750-147

FRANKENS BIERE – TRADITION UND SORTENVIELFALT

In Franken hat das Brauen eine lange Tradition. In der Region Kulmbach verweist der Fund einer Amphore auf erste Brauversuche vor über 3000 Jahren. Im Mittelalter erlebte die fränkische Braugeschichte dann ihren ersten Aufschwung und heute ist hier die größte Brauereidichte in ganz Europa zu finden. Die renommierten Großbrauereien und vielen privaten Brauereigasthöfe – in der Fränkischen Schweiz gibt es allein über 70 Brauereien – bieten eine große Bandbreite an charaktervollen Bieren, gebraut nach bayerischem Reinheitsgebot von 1516 nur mit Hopfen, Gerstenmalz und Wasser – und nach seit Generationen überlieferten Familienrezepten. Die Sortenvielfalt reicht vom Hellen, Pils und Lager über Weizen- und Schwarzbier bis zu Bock- und Festbieren und schmeckt in gemütlich-urigen Gaststuben, lauschigen Biergärten oder auf traditionsreichen Volksfesten zu herzhaft fränkischen Schmankerln ebenso wie zu edlen Schlemmereien.

In der Region Bamberg ist das typisch fränkische Rauchbier zu finden. Hier geht man auch „auf die Keller". Gemeint sind idyllische Biergärten vor den natürlichen Felsenkellern, in denen man früher das Bier kühl und trocken lagerte. Am Eingang war es üblich, auch einen Ausschank anzubieten – diese Tradition hat sich bis heute bewahrt. Über die Geschichte und Herstellung des Gerstensaftes klären auch die zahlreichen Brauereimuseen in ganz Franken auf.

Und eine Fahrt entlang der Fränkischen oder der Aischgründer Bierstraße sowie der Bier- und Burgenstraße präsentiert neben viel Natur und sehenswerten Städten so manch einen Brauereigasthof, der zur genussvollen Einkehr einlädt.

„Klein-Venedig"

Die Michaelskirche der Benediktinerabtei wurde romanisch erbaut und später barock ausgestaltet, ganz ähnlich die romanische St. Jakobskirche, die von einer Barockfassade umhüllt wird.

Am Platz der früheren Burg der Babenberger wurde 1576 die Alte Hofhaltung erbaut, in der sich heute das Historische Museum befindet.

Die prachtvolle fürstbischöfliche Neue Residenz, von Johann Leonhard Dientzenhofer 1704 erbaut, zeigt barock ausgestaltete Wohnräume und eine Gemäldesammlung, ihr Rosengarten lädt zum Flanieren ein. Bambergs Altstadt und ihr Gärtnerviertel wurden 1993 von der UNESCO zum Welterbe erklärt, denn sie repräsentieren eindrucksvoll die sich ab dem Frühmittelalter entwickelnde

Seinen Namen erhielt Bamberg durch eine im 8. Jh. vom Geschlecht der Babenberger erbauten Burg, die eigentliche Stadtgründung geht auf Kaiser Heinrich II. zurück, der 1007 ein Bistum von weit reichender Bedeutung an der Regnitz gründete, dem eine Residenz und eine fortlaufende bürgerliche Stadtvergrößerung folgte. Wie Rom verteilt sich Bamberg auf sieben Hügeln mit der Regnitzinsel in seiner Mitte, die von Oberer und Unterer Brücke mit den beiden Uferseiten verbunden wird. Auf der einen Seite thronen der Dom und das imposante Kloster St. Michael erhaben auf dem Dom- bzw. dem Michaelsberg, auf der anderen bezaubert das bürgerliche Bamberg mit seinen kleinen Fischerhäusern, die sich wie Perlen

an einer Schnur entlang des Flusses aufreihen und dem Viertel den Namen „Klein-Venedig" verliehen.

Die Grenze zwischen dem geistlichen und dem weltlichen Bamberg markiert das Alte Rathaus, das, einem Schiff gleich, direkt in die Regnitz hineingebaut wurde. Spätgotisch erbaut und im Rokoko erweitert, bildet es Durchgang und Brücke zur Bischofsstadt. Der Dom wurde in der 1. Hälfte des 13. Jh.s als dreischiffige Basilika erbaut, zunächst spätromanisch, dann im frühgotischen Stil. Er beeindruckt mit seinen vier mächtigen Türmen, dem Fürstentor mit dem Jüngsten Gericht im Bogenfeld, der Adamspforte und vor allem dem marmornen Hochgrab von Kaiser Heinrich II. und Gemahlin Kunigunde, das Tilman Riemenschneider schuf. An die Domfassade schmiegt sich auch der berühmte Bamberger Reiter, ein stolzes Ideal eines Ritters der Stauferzeit.

Altes Rathaus

mitteleuropäische Stadt mit den bis heute noch erhalten gebliebenen Strukturen. Auch prachtvolle Barockpalais wie das Böttingerhaus und das Wasserschloss Concordia aus dem 18. Jh., das Wohnhaus des Dichters E. T. A. Hoffmann sowie zahlreiche pittoreske Bürgerhäuser sind hier zu bewundern.

Eine Bamberger Spezialität ist das würzige Rauchbier, das im wohl berühmtesten historischen Gasthaus, dem „Schlenkerla", ausgeschenkt wird. Die neun Privatbrauereien der Stadt bieten darüber hinaus 50 verschiedene Biere an. Der Stephansberg mit seinen Bierkellern ist daher ein Muss für Kenner des edlen Gerstensaftes (viel Wissenswertes erzählt auch das Fränk. Brauereimuseum auf dem Michaelsberg). Auch kulturell hat die Stadt viel zu bieten, von Konzerten der Bamberger Symphoniker über Kammermusikabende im Kaisersaal der Neuen Residenz bis zu den „Bamberger Calderón-Freilichtspielen" des E. T. A.-Hoffmann-Theaters in der Alten Hofhaltung.

Zu den interessantesten Museen gehören das Diözesanmuseum mit dem Domschatz (Domkapitelhaus), die Altdeutsche Galerie (Neue Residenz), das Naturkunde-, das Gärtner- und Häckermuseum sowie das Holowood-Holografiemuseum. Im nahen Memmelsdorf haben sich die Bamberger Fürstbischöfe mit Schloss Seehof ein eindrucksvolles vierflügeliges Amtsschloss erbauen lassen, mit vier auffälligen Eckpavillons, einem prunkvollen Interieur und barocker Orangerie, die nach Plänen Balthasar Neumanns entstand. Der prächtige Park begeistert mit Wasserspielen und über 400 Skulpturen.

HOTEL RESTAURANT SANKT NEPOMUK

Hotel-Restaurant Sankt Nepomuk

Obere Mühlbrücke 9
96049 Bamberg

Telefon: 0951/9842-0
Telefax: 0951/9842-100

Das Hotel Sankt Nepomuk ist dort zu finden, wo Bamberg am schönsten ist: Auf einer Pfahlinsel mitten in „Klein Venedig", einem Schiff gleichend direkt in die Regnitz hineingebaut und selbst Teil der sehenswerten historischen Altstadt. Der Eingang ist nur über Brücken zu erreichen – und gerade diese Lage macht den besonderen Charme des Hauses aus.

Aus der einstigen Mühle ist ein wahres Fachwerk-Kleinod geworden, das Familie Grüner nun seit 20 Jahren als gastliches Haus mit einer anspruchsvollen Küche führt. Das Kaminrestaurant, das sich über die Regnitz beugt, und das Galerierestaurant im ersten Stock offerieren zum kulinarischen Angebot einen einmaligen Blick auf das Alte Rathaus und das stete beruhigende Rauschen der Regnitz.

Das À-la-carte-Angebot und ein täglich

wechselndes 5-Gang-Menü vereinen die heimischen Produkte mit den Spezialitäten der
Welt. So kann man etwa mit einem mit Parmesan überbackenen Schneckenpfännchen
oder der Cremesuppe von Brunnenkresse
mit Flusskrebsen starten, bevor man sich im
Hauptgang für die Entenbrust in Orangen-
sauce mit glasierten Kumquats, Kaninchen-
rücken in Estragonsauce oder Lammrücken
in leichter Knoblauchjus auf Paprikaconfit
entscheidet. Das eigene Fischbassin liefert
je nach Saison Forelle, Aal, Karpfen und
Waller, doch auch die üppige Fischsuppe
mit Fluss- und Seefischen, der Seeteufel in
Hummersauce oder der Baby-Steinbutt, der
sich mit Garnelen in rosa Champagnersauce
vereint, bestätigen, warum das Haus für seine köstlich-eleganten Fischgerichte bekannt
ist. Krönender Abschluss bilden die abwechslungsreichen Desserts vom erfrischen-
den Mangosorbet über mit Himbeergeist
flambierte Crêpes Cardinal bis zu klassischen
Salzburger Nockerln.
Passend dazu kredenzt die Weinkarte klassisch fränkische Bocksbeutel renommierter
Weingüter neben internationalen Positionen
von Europa über die USA bis Südafrika.

Auf Zigarrenrau-
cher wartet der
exklusiv bestückte
Humidor, und das
freundliche Service-
personal hilft gerne
– ebenso wie bei
der Digestif-Aus-
wahl – bei der Su-
che nach dem pas-
senden Aroma, das
den Genuss noch
ein wenig zu ver-
längern vermag.
Die modern, rusti-
kal und antik ein-
gerichteten Zimmer
befinden sich zu
einem Großteil in
den beiden Gästehäusern Steinmühle und
Molitorhaus gleich nebenan. Die beiden
historischen Gebäude sind mit ihrer anspre-
chenden Architektur Teil der unvergleich-
baren Altstadt und garantieren jedem Gast,
der hier verweilt, ein ganz besonderes Bam-
berg-Erlebnis.

Tonkabohnenparfait und Holunderblütensorbet

Zutaten

Parfait
80 g Läuterzucker
1 Ei, 1 Eigelb
250 g geschlagene Sahne
25 g geschmolzene Kuvertüre
7 g geriebene Tonkabohnen

Sorbet
100 ml Holunderblütennektar
100 ml Läuterzucker
Saft 1 Limette

Zubereitung

Für das Parfait Läuterzucker mit Ei
und Eigelb warm aufschlagen, anschließend wieder kaltschlagen. Sahne
und Kuvertüre mit den geriebenen
Tonkabohnen unterheben und für
ca. 6 Stunden gefrieren lassen.
Für das Sorbet alle Zutaten für 30 Minuten in eine Eismaschine geben.
Dann das Sorbet gemeinsam mit dem
Parfait fantasievoll anrichten.

BRAUEREI-GASTHOF DREI KRONEN

**Flair Hotel Brauerei-Gasthof
Drei Kronen**

Hauptstraße 19
96117 Memmelsdorf

Telefon: 0951/94433-0
Telefax: 0951/94433-66

Die Zahl Drei spielt im Brauerei-Gasthof Drei Kronen in Memmelsdorf (Tipp: unbedingt Abstecher zu Schloss Seehof einplanen) eine ganz wichtige Rolle. So sind die Drei Kronen das Symbol für die Heiligen Drei Könige, die Schutzpatrone der Wanderer und Reisenden. „Bei uns", so Gastwirt Hans-Ludwig Straub, „bekommt jeder eine Mahlzeit und ein Bett, solange die Tür offen ist." Von dieser herzlichen Gastlichkeit wird das Traditionshaus mit seinen gemütlichen Gaststuben und dem idyllischen Wirtsgarten geprägt.

Die drei Kinder, die jeweils auf drei Vornamen hören, helfen bereits eifrig mit im Familienbetrieb, der seit drei Generationen im Besitz der Straubs ist und nicht nur aus drei Gebäuden besteht, sondern auch drei Geschäftsbereiche umfasst. Zum einen das gemütliche und einfallsreich gestaltete Hotel,

das u. a. Themenzimmer rund ums „Bier" anbietet. Zum Zweiten das Restaurant mit seiner herzhaft rustikalen, aber ebenso anspruchsvollen, leichten Speisenauswahl, die sich um Frankens Spezialitäten dreht. Von Bärlauch, Spargel und Karpfen bis zu Pfifferlingen, Wild und Juralamm kommt auf den Tisch, was frisch und von bester Qualität ist.

Die 1457 gegründete Brauerei offeriert passend dazu drei unverwechselbare Biere: das ungespundete, unfiltrierte, rötliche Lagerbier mit wenig Kohlensäure, das im Steinkrug serviert wird, das naturtrübe Hefepils und das kräftige Keller-Rauchbier „Stöffla", das auch die Grundlage für das knusprige Stöfflabrot bildet, das zu den zünftigen Vespergerichten wie dem Zwätschgäbaamäs, einem geräucherten Rinderschinken, bestens mundet.

MEMMELSDORF

Mit Backpflaumen gefülltes Schweinelendchen mit Bierrahmsauce und Kartoffelbaggers

Zutaten

4 Schweinefilets am Stück
à 200 g
ca. 16 Backpflaumen
2 EL Zwiebeln, fein gehackt
je 1/8 l Bratenfond, Sahne und
dunkles Bier
Fett zum Anbraten
Estragon
1 kg Kartoffeln
2 Eier
Salz, Pfeffer
Muskat
Butterschmalz

Zubereitung

Lendchen mit den leicht gewürzten
Backpflaumen füllen, würzen und von
allen Seiten scharf anbraten. In der
Pfanne dann für ca. 10–15 Min. bei
200° in den Ofen geben.
Lendchen herausnehmen, auf einen
Teller legen, mit Alufolie abdecken,
im abgeschalteten Ofen nachziehen
lassen.
In der gleichen Pfanne die Zwiebeln
anbraten, mit dem Fond ablöschen,
etwas einreduzieren lassen. Sahne
hinzugeben und zum Schluss das Bier
angießen. Mit Salz, Pfeffer und
Estragon abschmecken und evtl. etwas
andicken.
Für die Baggers Kartoffeln schälen
und fein in Essigwasser reiben. In ein
Kartoffelsäckchen geben und auspres-
sen. Eier zur Kartoffelmasse geben
und würzen. Mit einem Esslöffel kleine Häufchen in heißes Fett geben,
flachdrücken, wenden und goldbraun
ausbacken.
Gemeinsam mit Schweinelendchen
und Bierrahmsauce anrichten.

Die einfallsreichen Wochenend-Arrange-
ments umfassen abwechslungsreiche 3-
Gang-Menüs, mal deftig-fränkisch, mal
saisonal-regional – so wie sich auch die
Speisenauswahl präsentiert. Die fränkischen
Bauernbratwürste kommen mit Sauerkraut
und Biersauce daher, das Zanderfilet mit
Preiselbeer-Meerrettich-, das Filet vom St.
Petersfisch mit Weißweinsauce und hausgemachten Nudeln, das Brauherrenschnitzel
wird von Stöfflabrotbröseln herzhaft ummantelt. Braumeister Hans-Ludwig Straub
und Ehefrau Lieselotte, ihres Zeichens

Köchin, Restaurantfachfrau und Hotelmeis-
terin, vertreten die Philosophie, dass auch
in einem Brauerei-Gasthof eine gehobene
Atmosphäre und ein anspruchsvolles kulinarisches Angebot möglich ist. Beim Blick in
die Speisekarte mit vielen Fotos aus vergan-
genen Zeiten wird deutlich, dass sich hier
Tradition und Moderne, Erfahrung und kreatives, weitsichtiges Engagement harmonisch
vereinen und den Brauerei-Gasthof Drei
Kronen zu einem Haus mit viel Charme und
individuellem Charakter geformt haben.

LANDGASTHOF SCHWARZER ADLER

**Hotel, Landgasthof & Café
Schwarzer Adler**

End 13
96231 Bad Staffelstein-End

Telefon: 09573/2226-0
Telefax: 09573/2226-27

Ruhetag: Dienstag (November-April)

Der stattliche Landgasthof Schwarzer Adler, im romantischen Lautergrund zwischen Schesslitz und Bad Staffelstein gelegen, erwartet Sie mit einem gemütlichen bayrisch-fränkischen Ambiente, das von warmem Holz, offenem Kamin und liebevoll dekorierten Gaststuben geprägt wird, sowie behaglichen Gästezimmern, die zum Verweilen in der idyllischen Landschaft des Oberen Maintals einladen. Das schöne schwarz-weiße Fachwerkhaus offeriert eine frische Saisonküche, herzlich serviert von Inhaberin Mathilde Meußer und ihrem zuvorkommenden Service-Team sowie Küchenchef Hans Erlbacher, und bringt auf genussvolle Weise ein Stück Franken auf den Teller. Das Wild stammt aus den umliegenden Jagdrevieren, heimische Süßwasserfische, für dessen „ex-

zellente Zubereitung" das Haus bereits ausgezeichnet wurde, kommen fangfrisch und fantasievoll zubereitet auf den Tisch. Täubchen und Kaninchen stammen aus der Zucht des Nachbarn, das frische Gemüse von Erzeugern der Region. Und am Nachmittag warten köstliche hausgemachte Kuchen und Torten auf die Gäste.
Der Schwarze Adler wurde im Jahr 2001 bereits zum zweiten Mal zum Landkreispreisträger der Auszeichnung „Bayrische Küche" erkoren, einem Preis zur Erhaltung und Förderung der Bayrischen Küchen- und Wirtshaus-Tradition. Und Mathilde Meußer fühlt sich der Tradition ihres Hauses, das seit 1570 im Familienbesitz ist, auch sehr verpflichtet. Sorgfalt, Qualität und Anspruch verbinden alle Köstlichkeiten aus Küche und

Zitronenbutter und der Karpfen fühlt sich in Frankenwein-Rahmsauce wohl. Dazu munden würzige regionale Biere, traditionell im Steinkrug serviert, sowie fränkische Bocksbeutel.

Im Sommer öffnet der schöne Biergarten mit den großen, Schatten spendenden Kastanien schon um 11 Uhr zum Frühschoppen seine Pforten. Gleich daneben steht die rustikale Biergartenscheune für zünftige Feste bereit.

Abwechslungsreiche Ergänzung des kulinarischen Angebots bietet der Jahreskalender mit Nudel-Gemüse-Wochen über Lammspezialitäten und frischer Kräuterforelle vom Grill bis zum Erntedankfest mit Kürbisernte, Apfel- und Weinfest und einer stilvollen Silvester-Feier am Jahresende.

Keller. Die Vitaminschaufel, ein Schweinerückensteak mit Meerrettich-Sahne, wird auf der zünftigen Holzschaufel serviert. Gerichte für zwei wie das „Hausgeheimnis", eine pikante Grillplatte, sowie die Fischplatte mit Lachs, Zander und Garnelen genießt man besonders stimmungsvoll in einer der romantischen kleinen Nischen des Restaurants. Die Forelle kommt klassisch nach Müllerin Art daher, das Rotzungenfilet bettet sich auf

Wildmedaillons auf Sauerkirschsauce mit gebratenen Pfifferlingen und Herzoginkartoffeln

Zutaten

600 g ausgelöstes Rückenfleisch
von Reh oder Hirsch
10 g Öl, 60 g Butter
Salz, Pfeffer
350 g Schattenmorellen
1 EL grüner Pfeffer
1 TL Zimt
0,1 l Sahne
0,2 l Wildfond
800 g Pfifferlinge
80 g Schalotten
1 EL Petersilie

Kartoffelmasse

600 g heiße,
passierte Kartoffeln
2 Eigelb
1 Prise Muskat

Zubereitung

Medaillons salzen, pfeffern, in heißem Fett beidseitig braten, herausnehmen u. ruhen lassen. Sauerkirschen absieben, mit etwas Kirschsaft Bratensatz ablöschen, grünen Pfeffer und Zimt zugeben. Reduzieren, bis die Flüssigkeit ziemlich eingekocht ist. Kirschen, dann Wildfond und Sahne zufügen und bis zur gewünschten Konsistenz einkochen. Pfifferlinge putzen und gut waschen. Abtropfen lassen.
In einer flachen gefetteten Form mit Salz zugedeckt im eigenen Saft ca. 10 Min. garen, abtropfen lassen und mit den Schalotten in heißer Butter unter Schwenken sautieren. Mit Pfeffer und gehackter Petersilie abschmecken. Kartoffelmasse als Rosetten auf ein gebuttertes Backblech spritzen, mit Eigelb bestreichen, im Ofen bei 180 °C goldgelb backen.

BRAUEREI-GASTHOF HARTMANN

unverwechselbaren Geschmacks von viel Erfahrung und Wissen um den Gerstensaft zeugen, regional verwurzelte Spezialitäten, die mit der innovativen Variation traditionsreicher Gerichte überraschen, dazu gemütliche fränkische Gaststuben, ein uriger Biergarten unter alten Kastanien sowie eine herzliche Gastfreundschaft, die eine jahrhundertealte Tradition fortschreibt – das alles erwartet den Gast im beschaulichen Würgau in der Fränkischen Schweiz.

1550 wurden Besitz und Schankrecht erstmals urkundlich erwähnt, damit zählt das Haus zu den ältesten Brauereien Bayerns. Auf zwei Dinge legte man in der einstigen Posthalterei und Erbschänke in all den folgenden Jahrhunderten immer Wert: Frisches, kräftiges Bier und ein stärkendes Mahl. Seit 1912 trägt die Brauerei den Namen Hartmann und im Jahr 1967 übernahmen Braumeister Ambros und Ehefrau Reinholde Hartmann die Leitung. Sie offerieren eine Reihe von anspruchsvollen Bieren: Da gibt es ein Helles, den süffigen Felsentrunk, ein rauchiges Landbier, das Schwarzbier Erbschänk 1550, das feinherbe Edelpils und die erfrischende Felsenweiße. Je nach Saison kommen das naturtrübe Felsenkeller-Bier mit dem Schuss Whiskymalz, Fest- und Bockbier hinzu. Gebraut wird mit Aromahopfen und Juragerste sowie dem Wasser der eigenen Felsenquelle! Auch „bierige"

Brauerei-Gasthof Hartmann

Fränkische-Schweiz-Straße 26
96110 Würgau

Telefon: 09542/920300
Telefax: 09542/920309

Ruhetag: Dienstag

Der heilige Gambrinus hätte sicher seine Freude an der langen Brautradition in Franken. Auch die Familienbrauerei Hartmann macht dem Schutzpatron der Brauer alle Ehre. Frische, urwüchsige Biere, die ob ihres

Kalbszüngerl in Himbeer-Johannisbeerdressing an Blattsalaten und Lavendelblüten

Zutaten

1 frische Kalbszunge
Weißwein für den Sud

Marinade
Himbeeressig
Olivenöl
etwas Cassis-Likör
Zucker, Salz
2-3 Salatherzen

Garnierung je nach Belieben
junge Erbsenschoten
Frühlingszwiebeln
Lavendelblüten
Schwarzer Pfeffer

Zubereitung

Die Kalbszunge im Weinsud leicht
wallend garen und noch in lauem
Zustand in dünne Scheiben schneiden.
Die Marinade aus Himbeeressig,
einem Schuss Cassis und Olivenöl
sowie etwas Salz und Zucker anrühren
und die Kalbszungenscheiben darin
einlegen.
Als Beilage die knackig frischen Salatherzen je nach Belieben mit Streifen
von jungen Erbsenschoten und
Frühlingszwiebeln vermischen und
ebenfalls etwas Marinade darüber
geben. Mit Lavendelblüten und
frisch gemahlenem schwarzen Pfeffer
garnieren.

Schmankerln halten die Hartmanns bereit:
würzige Treberbrötchen, feinen Bierbrand,
süße Erbschänktrüffel, Pils-Gelee und Bier-
treber-Wurst.
Doch die Speisekarte hat noch viel mehr zu
bieten. Marktangebot und Saison bestimmen
die fränkischen Köstlichkeiten, Wildspezialitäten aus eigener Jagd sowie die raffinierten
Variationen in mediterranem Stil.
Die Pfefferhaxe wird mit Weinkraut, der
Spanferkelrücken mit herzhafter Dunkelbier-
jus und Speckkrautsalat serviert. Über den
fränkischen Tellerrand schauen das Rehschäufele in Erdbeer-Pfeffer-Sauce, das
leichte Spinatrahmsüppchen mit Sahnehaube,
Wildente auf Speck-Traubensauce, Kalbs-
nüsschen in Steinpilzsauce und Seeteufelfilet auf roten Linsen mit Safranschaum. Die
Fasanenkeule wird nach Burgunderart auf
Ananaskraut serviert, die Entenleber mit
einem köstlichen Zwiebel-Apfel-Confit. Und
zum Nachtisch verführen Litschieis auf
marinierten Mandarinenfilets und Schoko-
mousse oder Bayrische Creme mit Eierlikör-
schnee. Das würde auch Gambrinus köstlich
munden ...

WEINHAUS ANTON NÜSSLEIN

platz können Sie all die hochwertigen und preisgekrönten Weine des Familienbetriebs in einem stilvollen, zeitgemäßen und liebevoll dekorierten Ambiente verkosten und erwerben. Ebenso sympathisch wie professionell beraten Sohn Roger und seine Mutter Ursula Nüßlein ihre Kunden bei der Auswahl des passenden Weines.

Das Angebot umfasst vor allem die anspruchsvollen und qualitätsintensiven Rebsorten Müller-Thurgau, Riesling, Spätburgunder und Domina, die überwiegend auf Süd- und Steillagen gedeihen. Das milde Klima hier im Mainknick tut ein Übriges dazu. Jeder der Nüßlein'schen Weine – vom Qualitätswein bis zum edelsüßen Eis-

Das romantische Fachwerkstädtchen Zeil am Main besticht nicht nur durch seinen sehenswerten Marktplatz mit dem prächtigen Fachwerk-Rathaus und der St. Michael-Kirche. Hier lebte einst auch Abt Degen, der im Jahre 1665 die Silvanerrebe in Franken einführte – und damit die Erfolgsgeschichte einer der beliebtesten Rebsorten Frankens begründete.

Zeil blickt auf eine sehr lange Weinbautradition zurück, die bereits im 11. Jahrhundert begann. Als der Weinbau jedoch im Zuge des 2. Weltkriegs zum Erliegen kam, war es der Zeiler Anton Nüßlein, der die Rebhänge entlang des Mains wieder kultivierte, eine Reihe von erstklassigen Weinen produzierte und damit das Renommee begründete, das die Zeiler Winzer heute wieder selbstbewusst repräsentieren.

Im Weinhaus Nüßlein in dem hübschen Fachwerkhaus direkt am historischen Markt-

Weinhaus Anton Nüßlein

Marktplatz 1
97475 Zeil am Main

Telefon: 09524/279
Telefax: 09524/300630

158

Das Weinmenü

Neben Weinbergswanderungen auf dem „Abt-Degen-Steig" führt Roger Nüßlein für größere Gruppen auch Weinproben in Zusammenarbeit mit verschiedenen Gastronomen durch. Besonders zu Erec Jacobson vom Hotel Kolb besteht eine enge Verbindung.

Gemeinsam bieten die beiden anspruchsvolle Weinmenüs an, die aus einem 5-Gang-Menü mit erlesenen Spezialitäten zu einem bestimmten, saisonal abgestimmten Thema sowie einer Weinprobe der korrespondierenden Weine bestehen. So öffnet der Zeiler Eulengrund Riesling Sekt mit Weinbergspfirsichlikör das kulinarische Fest, dann folgen Gourmandisen wie geräucherte Brust und Keule von der Taube auf Carpaccio von der roten Beete mit Trüffelsauce, begleitet vom 2000er Zeiler Kapellenberg Müller-Thurgau Kabinett, rosa gebratener Rehrücken auf Preiselbeersauce mit Pilz-Crêpe-Törtchen, hofiert von einem trockenen 2000er Domina Classic, und schließlich Armagnac-Soufflé mit karamellisierten Pfefferäpfeln und Portweinrahmeis. Krönendes Finale der lukullischen Freuden ist der 97er Ziegelanger Ölschnabel Scheurebe Eiswein.

sischen Champagnermethode – umfasst das Sortiment.

Edle Gläser, feinste Edelbrände, kunstvolle Flaschen sowie eine Reihe von Präsenten von italienischem Essig und Öl über Grappa bis zu Havanna-Zigarren komplettieren das Angebot des Weinhauses.

wein – weist eine hohe Qualität auf und zeichnet sich durch ein sehr gutes Preis-Leistungs-Verhältnis aus.

Auch spritzige, trockene und aussagekräftige Frankensekte wie der samtig-fruchtige Spätburgunder-Sekt – hergestellt nach der klassischen Champagnermethode – umfasst das Sortiment.

Familie Nüßlein überzeugt durch eine natürliche Herzlichkeit und echte Begeisterung für den edlen Rebensaft. Man spürt ihre Liebe und Hingabe zum Wein, der das tägliche Leben bestimmt und inspiriert.

Roger Nüßlein studierte Weinbau in Geisenheim und absolvierte Praktika in Südafrika und Rumänien, bevor er in das Familienunternehmen einstieg. Aufbauend auf Mut, Erfahrung und Kompetenz des Vaters, der als erster Vollerwerbswinzer dieser Region wieder hochwertige Weine ausbaute, führt sein Sohn nun die Familientradition auf hohem Niveau fort.

HOTEL RESTAURANT KOLB

Hotel Restaurant Kolb

Krumer Straße 1
97475 Zeil am Main

Telefon: 09524/9011
Telefax: 09524/6676

Nicht nur für anspruchsvolle Weine ist Zeil am Main bekannt, auch für Genießer lohnt sich der Weg. In unmittelbarer Nähe zum historischen Ortskerns liegt das renommierte Hotel Kolb, das in 3. Generation von dem weit gereisten Gastronomen Erec Jacobson geführt wird. Den Zeiler zog es nach Abitur und der Lehre zum Restaurantfachmann und Koch hinaus in die Welt. Nach lehrreichen Jahren im Hotelmanagement bei Hilton in Chicago kehrte er, randvoll mit kreativen und innovativen Ideen, in seine Heimat am Main zurück. Hier kredenzt er nun eine fantasievolle Küche, die sich den Aromen dieser Welt verschrieben hat. Unterstützt wird er von seinen Eltern, die für den hoch gelobten Service des Hauses verantwortlich zeichnen.

Zahlreiche Events wie Sommernachts-Büfetts und Feinschmecker-Menüs, eine Vernissage mit begleitendem Menü und gesellige Kochkurse ergänzen das kulinarische Angebot, das sich wie ein mediterraner Ausflug in südliche Gefilde liest. So startet das Menü beispielsweise mit „Vitello tonnato", gekochtem Kalbfleisch mit Tunfischsauce und Kapern, bevor ein Bärlauchschaumsüppchen zur Lammhaxe in Bärlauchsauce auf toskanischem Gemüse mit hausgemachten Gnocchi überleitet. Den krönenden Abschluss bilden marinierte Pfeffer-Erdbeeren mit Topfen-Limetten-Sorbet.
Ob fränkisch oder bayrisch, ob asiatisch oder italienisch, Erec Jacobson vermischt die Grenzen zu einem multikulturellen und aromenreichen Miteinander, das perfekt harmo-

Riesengarnelen in Glasnudeln gebacken auf süß-saurem asiatischen Gemüse mit Ananas und Thai-Basilikum

Zutaten

8 Riesengarnelen
1 Pck. Glasnudeln
1 Zitrone
Knoblauchbutter
Tapioka(Stärke)-Mehl
je 1 Zwiebel und Karotte
1/2 Sellerieknolle
3 Knoblauchzehen
50 g Ingwer
je 0,2 l Weißwein u. Wasser
0,1 l Essig, 100 g Zucker
200 g Sojasprossen
100 g fr. Ananas
50 g Zucker, 50 ml Wasser
Thai-Basilikum, Sesam
Salz, Pfeffer

Zubereitung

niert und höchste Qualitätsansprüche erfüllt. Sein eigenständiger Kochstil besticht durch ein außergewöhnliches Angebot an frischen, hausgemachten Spezialitäten. Die Entenbrust ist hausgeräuchert, der Lachs selbst gebeizt, das Brot frisch gebacken, auch Nudeln und Eis werden eigens zubereitet.

Neben Klassikern aus dem Hause Kolb wie Putenbrust im Knuspermantel, Rinderfilet vom Grill mit Cognac-Pfeffer-Sauce oder frischen Austernpilzen stehen vor allem ausgefallene Fischgerichte im Mittelpunkt, wie in Limonenöl gebratenes Merlanfilet mit Ruccola-Risotto oder Sardinen auf Apulische Art mit Tomaten, Paprika und Kapern zu Rosmarinkartoffeln.

Der fränkische Wein spielt eine große Rolle im Genuss-Repertoire des Hauses. Vor allem die anspruchsvollen Weine des Weinhauses Nüßlein sind es, die neben italienischen, französischen und spanischen Rotweinen das Weinangebot bestimmen. Gemeinsam mit Roger Nüßlein bietet Erec Jacobson regelmäßig exklusive Weinmenüs an, deren fünf Gänge von erlesenen korrespondierenden Weinen begleitet werden – was kann es für Genießer Schöneres geben?

Garnelen bis auf die Schwanzflosse ausbrechen, am Rücken einschneiden, entdarmen, unter kaltem Wasser abspülen. Mit Zitrone, Salz und Knoblauchbutter würzen. Glasnudeln in heißem Wasser einweichen, bis sie geschmeidig-weich sind. Garnelen einzeln darin einwickeln, mit Mehl bestäuben, in der Friteuse bei 140 °C ca. 4 Min. backen.

Geschältes Gemüse und Ingwer in feine Streifen, Knoblauch in feine Scheiben schneiden. Weißwein mit Wasser, Essig, Zucker, Ingwer, Knoblauch aufkochen, salzen, pfeffern, Gemüse darin bissfest garen. Sojasprossen zugeben, gut verrühren, kurz aufkochen lassen. Zucker u. Wasser zu Sirup einkochen, mit der Ananas aufmixen. Scampi auf dem Gemüse anrichten, mit Ananassauce, gehacktem Thai-Basilikum und gerösteten Sesamkörnern garnieren.

Kreuzberg – Heiliger Berg der Franken

Staatsbad Bad Brückenau: Kursaalgebäude

Die Rhön präsentiert sich als reizvolle Region mit unbewaldeten Gipfeln, die eine weite Fernsicht erlauben, tiefdunklen Wäldern und mystischen Mooren und verteilt sich auf die Länder Bayern, Hessen und Thüringen. Die UNESCO stellte weite Teile der beeindruckenden Landschaft 1991 als Biosphärenreservat unter besonderen Schutz. Die Bayerische Rhön, der nördlichste Teil Frankens, wartet mit einer Reihe von land-schaftlich und historisch eindrucksvollen Sehenswürdigkeiten auf.

Wie z. B. Frankens ältester Weinstadt: Hammelburg an der Fränk. Saale. Karl der Große schenkte sein Krongut am 7.1.777 dem Kloster Fulda – samt der umliegenden Ortschaften und „vineis", also Weinberge. Die Fuldaer Fürstäbte ließen im 12. Jh. zum Schutze ihres Besitzes Burg Saaleck erbauen, deren Bergfried noch original erhalten ist, während die restliche Burg im Stile der Renaissance 1867 restauriert wurde. Der Marktplatz wird vom steinernen Renaissance-Marktbrunnen mit seiner barocken Krone beherrscht. Hier macht auch das nach einem Brand im neugotischen Stil erbaute Rathaus mit seinem schönen Treppengiebel auf sich aufmerksam. Des Weiteren sind das

Staatsbad Bad Brückenau: Fürstenhof

Rote Schloss, im Auftrag des Fürstabtes Adolf von Dalberg im 18. Jh. mit rotem Sandstein erbaut, und die Stadtpfarrkirche St. Johannis d. Täufer sehenswert, eine spätgotische dreischiffige Hallenkirche mit Gewölbemalereien, einer Steinmadonna und der barocken Maria im Strahlenkranz.

Bad Kissingens Kuranlagen strahlen Eleganz, die von Fachwerk gesäumte Altstadt viel Gemütlichkeit aus. Kein Geringerer als Balthasar Neumann wurde beauftragt, die seit dem 16. Jh. genutzten Solequellen standesgemäß zu fassen, auch für die Ausgestaltung der Marienkirche

zeichnete er verantwortlich. Im 19. Jh. erholten sich Kaiser und Könige neben herausragenden Persönlichkeiten wie Bismarck, Rossini, Fontane und Tolstoi in den eleganten Kuranlagen und dem weitläufigen Kurpark. Bad Brückenau präsentiert sich nicht weniger fürstlich. In den Kuranlagen des 2 km von Bad Brückenau entfernten Staatsbads begeistert ein klassizistisches Ensemble: Die lange Kastanienallee führt geradewegs zum Fürstenhof, dem Sommerschloss des Klerus, und die harmonische Einheit von Kurhaus, Wandelhalle und -gang gefiel schon Bayernkönig Ludwig I., der sich hier mit Lola Montez zum heimlichen Rendezvous traf. Der Leibarzt des Fürstabtes Amandus von Buseck entdeckte einst die erste eisen-

haltige Quelle. Heute sind fünf Quellen erschlossen und fördern Heil- und Mineralwasser von höchster Qualität. Bischofsheim ist mit seinem Marktplatz, dem Zehntturm und den schönen Stadtbrunnen mit ihren gusseisernen Platten ein sehenswertes Städtchen. In der Julius-Echter-Pfarrkirche glänzen die Kanzel und ein Taufstein im Stile der Renaissance. Heiliger Berg der Franken – so nennt man den beeindruckenden Kreuzberg südlich von Bischofsheim. Hier zeigt die Rhön sich karg und rau, beinahe mystisch. Schon seit Jahrtausenden ist der 928 m hohe Berg besiedelt. Seit 1400 weist ein Kreuz den Wallfahrern den Weg. Der berühmte Würzburger Bischof Julius Echter ließ dann die

Wandelgang Staatsbad Bad Brückenau

Staatsbad Bad Brückenau

drei steinernen Kreuze mit den hölzernen
Figuren aufstellen (heute nur noch Kunst-
stoffnachbildungen) und übergab den Fran-
ziskanern die Wallfahrtsseelsorge. Sie leben
im Kloster Kreuzberg und brauen seit 1731
ein gutes und inzwischen sehr bekanntes
Bier, das noch immer dem Gast im zünftigen
Biergarten und im Klosterbräustüberl eine
wohl schmeckende Stärkung bietet. Vor dem
Kloster beeindruckt eine Steinfigur des hl.
Kilian, die Klosterkirche wartet am Hochaltar
mit einer Kreuzigungsgruppe von 1692 als
Gnadenbild auf.
Vom Kreuzberg aus bietet sich ein wahrhaft
„göttlicher" Blick in die Hochrhön – und hier
wird klar, warum man diesen Landstrich das
„Land der offenen Fernen" nennt.

Altes Rathaus Bad Kissingen

LAUDENSACKS PARKHOTEL

Laudensacks Parkhotel

Kurhausstraße 28
97688 Bad Kissingen

Telefon: 0971/7224-0
Telefax: 0971/7224-44

Ruhetage: Montag, Dienstag

Eine exzellente kreative Küche, Wohnkomfort auf höchstem Niveau, ein umfangreiches Wellness- und Beautyangebot – in Laudensacks Parkhotel am Rande des Bad Kissinger Kurparks macht die Kulinarische Entdeckungsreise Station in einem Highlight der deutschen Gourmet-Welt. So glänzt unter seiner souveränen Ägide nicht nur der Michelin-Stern seit nunmehr zehn Jahren in Folge über dem Gourmet-Restaurant, das Haus reiht sich auch mit seinen durchweg hohen Auszeichnungen – wie zum Beispiel 16 Gault-Millau-Punkten und einer Varta-Kochmütze – in die Top 100 der deutschen Spitzengastronomie ein. Seit Hermann Laudensack das Haus vor 15 Jahren erwarb, begeistert er mit seiner innovativen und eigenständigen Kochkunst, die sich auf keinen bestimmten Stil festlegen lassen will. Und auch das Hotel beweist, dass sich höchster Anspruch mit legerer Atmosphäre aufs Beste miteinander verbinden lässt. Wer klassisch-eleganten Wohnkomfort, Ruhe und Entspan-

nung, ein ausgedehntes Wellness-Angebot mit vielfältigen Relax- und Beauty-Anwendungen als perfekte Ergänzung zum kulinarischen Hochgenuss sucht, der ist bei Hermann und Susanne Laudensack und ihrem hoch professionellen Team bestens aufgehoben.
Die pastell-gelbe Villa der Jahrhundertwende verspricht mit ihrem anspruchsvollen Interieur, das durch kreative Accessoires und kunstvolle Exponate geprägt wird, einer Terrasse mit Blick über den Kurpark, dem mediterran gestalteten Wintergarten und dem kleinen, feinen Gourmet-Restaurant, das etwa 20 Gästen Platz bietet, den passenden Rahmen für die edlen Gourmandisen. Der Gast hat die Wahl zwischen dem dezent frankophil-mediterran komponierten À-la-carte-Angebot, einem 3-Gang- sowie dem 6-Gang-Gourmet-Menü. Aromen und Spezialitäten aus aller Welt, aber auch und nicht zuletzt aus Franken gehen hier eine an-

Saint-Pierre-Filet und Langoustino im Kartoffelstroh auf Tomatenemulsion mit Petersilienöl und Zucchini

Zutaten

Tomatenemulsion
1 Schalotte, fein gewürfelt
20 Kirschtomaten, halbiert
10 EL Olivenöl

Petersilienöl
4 Bl. glatte Petersilie
4 EL Geflügelbrühe
8 EL Olivenöl

8 Langoustino
480 g St.-Pierre-Filet
Zitronensaft
1 gr. Kartoffel, 2 kl. Zucchini
1 Eiweiß, Mehl
1 EL Balsamico, 2 EL Olivenöl
2 Zitronenthymianzweige
Olivenöl, Salz, Pfeffer

Zubereitung

Schalotten in wenig Öl anschwitzen, Tomaten zugeben, würzen, pürieren, durch ein Sieb streichen und restl. Öl unterrühren.
Petersilie in Salzwasser blanchieren, in Eiswasser abschrecken, abtropfen lassen. Mit der Brühe pastös pürieren, abschmecken. Öl langsam untermixen.
Langoustinos ausbrechen, mit Zitronensaft u. Pfeffer 30 Min. marinieren. Kartoffel hobeln, in feinste Streifen schneiden, Langoustinos salzen, mit Eiweiß bepinseln. Gemeinsam in Öl bei ca. 160° frittieren. Fisch in 8 gleiche Stücke schneiden, mit Zitronensaft, Salz, Pfeffer marinieren, Hautseite in Mehl drücken, in Olivenöl (zuerst Hautseite) ca. 8 Min. braten.
Zucchini in Scheiben in Öl anbraten, würzen, Essig zugeben und max. 1 Min. dünsten. Gemeinsam anrichten.

spruchsvolle lukullische Verbindung ein. Die Wachtelbrust im knusprigem Pastillateig bettet sich auf Spitzkohl mit Birnenpüree, der Loup de mer vereint sich mit Blumenkohl-Estragongemüse und herzhafter Kartoffeltorte. Zum Dessert trifft das Topfensoufflé auf ein mediterranes Orangen-Physalis-Kompott gepaart mit Zitronengraseis. Auch das Auge, das ja bekanntlich gerne mit da-

bei ist, wenn es um Hochgenuss geht, freut sich über die Rosette von Jakobsmuschel und Trüffel auf Lauchgemüse und Farfalle oder das Kalbsfilet auf Rouenaisersauce mit Karottentörtchen.
Eine genussvolle Auszeit vom Alltag und höchste Gaumenfreuden - ein Savoir-vivre-Erlebnis der ganz besonderen Art erwartet Sie in Laudensacks Parkhotel.

FABER FEINKOST

Faber Feinkost

Obere Marktstraße 11
97688 Bad Kissingen

Telefon: 0971/1051
Telefax: 0971/7850860

Seit 1898 steht der Name Faber Feinkost in Bad Kissingen für Köstlichkeiten aus aller Welt, vor allem aber hochwertige fränkische Spezialitäten.

Schon Gründer Kaspar Faber, seines Zeichens Königlich-bayrischer Hoflieferant, residierte als „Charcutier" in der Oberen Marktstraße mitten in der Altstadt und begeisterte mit seinen Wurst- und Schinkenspezialitäten. Sein Neffe Karl übernahm 1931 die Metzgerei und baute das Angebot erfolgreich weiter aus. Sohn Bernd und Ehefrau Gretl, selbst Metzgermeisterin, führen nun seit 1972 das Familienunternehmen, zu dem inzwischen auch die Filialen „Marktbistro" und die „Markthalle" in Schweinfurt

sowie ein anspruchsvoller Catering & Party Service, ein Geschenke Service und schließlich „Faber Tisch & Tafel" mit Dekorations- und Einrichtungsideen rund um den gedeckten Tisch gekommen sind.

"Für wahre Genießer beginnt bei der Augenweide die Sinnenfreude", lautet die Philosophie des Hauses. Und so ist das Angebot in den hellen, offen gestalteten Verkaufsräumen auch ein wahres Fest der Sinne. Neben Wurst und Fleisch gibt es ein großes Käse-Sortiment – ein Steckenpferd von Gretl Faber, die von einer französischen Bruderschaft, welche für traditionelle Käseerzeugnisse eintritt, sogar zum ersten weiblichen (!) Ritter geschlagen wurde –, Feinkost-Salate,

frisches Obst sowie ein ansprechendes Bü-fett mit täglich wechselnden, saisonal abgestimmten kalt-warmen Speisen, die das Küchenteam vor Ort frisch zubereitet.
Das Fleisch wird in der eigenen Produktionsstätte geschlachtet und stammt zum größten Teil aus der Rhön, damit die schlachtfrische Herstellung stets garantiert ist.
Im Untergeschoss wartet die Feinkostabteilung mit edlen Delikatessen aus Franken und der Welt auf: Wein und Champagner, Nudeln, Tee, Marmeladen, Gelees und Honig, Oliven, Essig und Öl, Süßes und Pikantes. Auch die bereits mehrfach ausgezeichneten Hausmacher Wurstsorten wie Presssack, Fränkische Rotwurst und Leberwurst, Fränkischer Rotgelegter sowie Kalbfleisch- und Spanferkelsülze, köstliche Ententerrine und würzige Wildpastete und natürlich die für Franken so typischen Bratwürste, Leberkäse, Krakauer, Mettwürste und Schinkenspezialitäten fehlen nicht im Sortiment.
Wer sich nicht entscheiden kann, sollte auf einen der schönen Präsentkörbe zurückgrei-

fen. Ob fränkisch-rustikal mit Hausmacher Wurstspezialitäten, luftgetrockneter Mettwurst, Lindenblütenhonig und Bocksbeutel oder lieber ein Gourmet-Korb mit Champagner, Kaviar und Hummerrahmsüppchen – nehmen Sie sich ein Stück Faber-Feinschmecker-Welt mit nach Hause!
Die Präsentkörbe werden auf Wunsch individuell zusammengestellt und auch bundesweit verschickt, haben doch viele Gäste der Kurstadt die hohe Qualität der Faber'schen Produkte zu schätzen gelernt und wollen diese auch in der Heimat nicht missen.
Feste mit Stil, Anspruch und genussvollen Schlemmereien von edlen Büfetts bis zu einfallsreichen Menüs: Das bietet der Faber Catering & Party Service. Ob in den eigenen

Räumlichkeiten „Marktbistro" oder „Treff & Feier" oder bei den Kunden zu Hause, ob ganz romantisch in der Natur oder an historischen Stätten, ob in Bad Kissingen oder in der Region – mit dem professionellen Faber-Team wird das Fest zu einem kulinarischen Erlebnis.
Bei dem von der Zeitschrift „Lebensmittel Praxis" initiierten Wettbewerb „Feinkostladen des Jahres" setzte sich das Traditionshaus im Jahr 2003 gegen zahlreiche Konkurrenten in Bezug auf Kundenservice, Preisgestaltung, Verkaufsförderung sowie Ladengestaltung u. a. durch und belegte einen herausragenden zweiten Platz.

1882 als „Weinrestaurant und Bäckerei"
unter der Ägide von Vitus Schubert schon
einen weit reichenden Ruf als Ort der
Gastlichkeit und des kulinarischen
Genusses.

Viel ist noch von der Historie zu spüren
in den gemütlichen Gaststuben mit dem
dunklen Holz, den Nischen, Holzbalken und
Eckbänken und dem urigen Gussofen.
Ebenso traditionell wie regional präsentiert
sich auch die Speisenauswahl, die von haus-
geräuchertem Hirsch- und Wildschweinschinken, Weinsüppchen und Blauen Zipfeln
über Spanferkelsülze und herzhafter Landente bis zum Welsfilet in Meerrettich- oder
Viktoriabarsch in Rieslingssauce reicht.
Die Weinstube unter der Leitung von Ingrid
Becker, die sich mit der Übernahme des Traditionshauses 1999 ihren seit Jahrzehnten
gehegten Traum erfüllte, führt die klassischen Franken renommierter Weingüter.
Müller-Thurgau, Silvaner und Riesling,
Domina, Schwarzriesling und Spätburgunder
ruhen im alten Fasskeller unter optimalen
Bedingungen, bevor Weinkenner von Nah
und Fern sie genießen.
Tipp: Den traditionellen Bocksbeutel gibt
es hier auch in den Autofahrer-freundlichen
Größen 0,2-, 0,25- und 0,375 Liter.

Weinstube Schubert-Becker

Kirchgasse 2
97688 Bad Kissingen

Telefon: 0971/2624

𝔍n der mit prächtigem
Fachwerk reich bestück-
ten Altstadt Bad Kissin-
gens, unweit des Alten
Rathauses, residiert in
historischen und denk-
malgeschützten Mauern
die älteste Weinstube der
Kurstadt. 1801 erstmals
erwähnt, erlangte sie

BAD BRÜCKENAU

gebackenen Kuchen und ein Hotel mit gemütlichen Zimmern geworden. Das Interieur zeigt sich klar, hell und modern. Stilsicher eingesetzte Details prägen die Gasträume. Der Wechsel des jahreszeitlichen Warenkorbs, regionale Produkte und internationale Variationen bestimmen die frische Küche von Joachim Pfaff: Von

Bärlauch, Spargel und Erdbeeren über heimische Pilze und kreative Fischgerichte bis zu Kürbis und Wild aus Rhöner Wäldern. Während es am Mittag vor allem herzhafte Gerichte und fränkische Schmankerln gibt, mal ein deftiger Eintopf, mal ein klassischer Sonntagsbraten, reicht die kulinarische Palette am Abend von gegrilltem Welsfilet mit Kräuterbutter, Paella und Dim Sum im Bambuskörbchen über rosa gebratenes Lammkarree unter der Kräuterkruste oder Seeteufel in Knoblauch-Kräutersahne bis zu Kalbsrückensteak auf Sherrysauce mit sautierten Steinpilzen und Hirschkalbskeule in Preiselbeerrahmsauce. Passend dazu offeriert das sympathische Gastronomenpaar fränkische Weine sowie edle Tropfen aus renommierten Weinanbaugebieten von der Mosel bis Südafrika.

Ob nur zu einem Gläschen Wein oder zum genussvollen Schlemmen, Ulrike und Joachim Pfaff heißen im Landhaus Mariental in Bad Brückenau jeden Gast herzlich willkommen.
Aus der einstigen Kurpension ist ein Restaurant mit einer fränkisch-traditionellen bis euro-asiatischen Küche, ein Café mit selbst

Restaurant, Cafe, Pension
Landhaus Mariental

Wernarzer Straße 5
97769 Bad Brückenau-Staatsbad

Telefon: 09741/2231
Telefax: 09741/2901

Ruhetag: Dienstag

171

STAATL. BAD BRÜCKENAUER MINERALBRUNNEN

Staatl. Mineralbrunnen AG

Amand-von-Buseck-Straße 2
97769 Bad Brückenau

Telefon: 09741/803-0
Telefax: 09741/803-130

Brunnengalerie wochentags 8 – 16
Uhr (freitags bis 13 Uhr) geöffnet

Harmonisch fügt sich der Gebäudekomplex des Staatl. Bad Brückenauer Mineralbrunnens in das elegante Bild des bayerischen Staatsbades ein, das 1747 von den Fürstäbten zu Fulda gegründet wurde und noch heute den fürstlichen Glanz und romantischen Charme der Zeit versprüht, in der Bayernkönig Ludwig I. Lola Montez zum heimlichen Rendezvous bat.

Seit 1988 nutzt der Staatl. Mineralbrunnen als Pächter der Quellen das Juwel der Natur. Zwei Jahre später zog er in den Neubau in unmittelbarer Nähe zum Kurhaus mit Wandelgang und -halle, an deren Ende die Ludwig I Quelle hervorsprudelt.

Das inzwischen als AG firmierende Unternehmen wandelt die Gaben der Natur in hochwertige Wässer, erfrischende Limonaden und Fruchtsaftgetränke um. Basis für die harmonische Verbindung von Geschmack und Gesundheit bilden die seit über

250 Jahren genutzten „Quellen des Lebens", die nicht nur Mineral-, sondern auch Heilwasser fördern. Die hervorragende Qualität wird durch das Heilquellenschutzgebiet bewahrt, in dem weder intensive Landwirt-

schaft noch Industrieanlagen zulässig sind. Neben der Georgi- und der Siebener Quelle in Bad Brückenau verfügt das Staatsbad über drei weitere Quellen: Wernarzer und Sinnberger Quelle liefern ein kochsalzarmes, natriumfreies, kohlensäurehaltiges Heilwasser, das besonders im Nieren- und Harnwegebereich seine wohl tuende Wirkung entfaltet. Die König Ludwig I Quelle spendet ein mineralienreiches Wasser, dessen hoher Eisengehalt gut vom Körper resorbiert und bei Blutarmut, Bluthochdruck und Durchblutungsstörungen eingesetzt wird. Die Brunnengalerie bietet die beste Möglichkeit, das Unternehmen, dessen Vertriebsgebiet sich auf die Region Nordbayern und umliegende Bundesländer beschränkt, kennen zu lernen: Durch die Glasfront können

Sie alle Schritte, von der Flaschenreinigung über das Abfüllen der Wässer bis zum Etikettieren und Einsortieren in die Kästen beobachten und anhand von informativen Schaubildern nachvollziehen.

Hier finden Sie auch eine Übersicht über die vielfältigen Produkte des Staatl. Mineralbrunnens: Das sind zunächst die beiden Heilwässer Wernarzer Wasser und Staatl. Bad Brückenauer Heilwasser, dann das natürliche Mineralwasser Ludwig I Quelle ohne Kohlensäure sowie das Staatl. Bad Brückenauer Mineralwasser still, kohlensäurehaltig, „Lemon" mit etwas Zitrone und „Gourmet" für die Gastronomie. Sämtliche Wässer sind so bekömmlich und gesundheitsfördernd, dass sie zur Entgiftung und Entschlackung, für Trinkkuren und z. T. sogar zur Zubereitung von Babynahrung geeignet sind. Unter dem Namen Pocco werden eine Reihe von frischen Limonaden und Fruchtsaftgetränken angeboten: Cola-Mix, Zitronen- und Orangenlimonade, Apfel- und Waldfruchtschorle, Wellness Apfelerfrischung, A-C-E-Exotic und die diabetikergeeigneten Fruchtsaftgetränke mit den Geschmacksnoten Orange, Orange-Maracuja, Grapefruit und Zitrone.

Der Umweltschutz liegt der Staatl. Mineralbrunnen AG besonders am Herzen. Als 1. ökolog. Abfüllbetrieb der dt. Mineralbrunnenindustrie sind Abfallvermeidung, geringer Energieverbrauch – ein eigenes Blockheizkraftwerk sorgt für optimalen Energieeinsatz –, Lärmschutz und eine umweltschonende Produktion – vom Leim für die Etiketten über die verwendeten Reinigungsmittel bis zur Waschlaugen-Wiederaufbereitungsanlage – längst selbstverständlich. Belohnt wurde das Unternehmen dafür mit zahlreichen Umweltpreisen und Auszeichnungen. Ein Beispiel, das Schule machen sollte. Sind die wohlschmeckenden Staatl. Bad Brückenauer Heil- und Mineralwässer doch eine einzigartige Gabe der Natur, die es zu bewahren und zu schützen gilt.

RHÖNHÄUSCHEN

station. Reisende schätzen schon seit über 100 Jahren die familiäre Gastlichkeit des Rhönhäuschens im Herzen der „Hohen Rhön". 1982 übernahm Marlene Schmidt das in früheren Zeiten nur als bewirtschaftete Hütte geführte Haus von ihrem Vater und verwandelte es in ein gemütliches Hotel mit anspruchsvoller Küche. Zu den Spezialitäten des Restaurants zählen vor allem die Rhönforellen, die sich in den Außenteichen in frischem Quellwasser tummeln, was ihnen ihren ganz besonderen Geschmack verleiht. Neben den klassischen Zubereitungsarten „blau" und „Müllerin" präsentiert sich der leckere Süßwasserfisch hier auch unter der

Kräuterkruste auf Rieslingsauce, gedünstet in fränkischem Riesling und Wurzelgemüse sowie mit feinem Apfelschmand überkrustet. Auch der Wild-Schmankerlteller, das flambierte Wildgeschnetzelte mit Beerenrahmsoße oder das zarte Rhönlamm, das im Rhönhäuschen mit Bohnen und Kräuterrösti vereint wird, beweisen einmal mehr, was diese fruchtbare Region seinen Feinschmeckern zu bieten hat. Davon zeugen auch die kreativen und abwechslungsreichen Vor- und Nachspeisen sowie die fränkisch ausgerichtete Weinkarte. Zu hausgemachtem Wildcremesüppchen, Schlemmerteller von der Rhönforelle, gebackenem Rhöner Ziegenkäse auf warmer Tomaten-Vinaigrette, hausgemachtem Apfelstrudel oder dem Cassissorbet an Joghurt-Limettensauce mit frischen Früchten

Rhönhäuschen

Rhönhaus 1
97653 Bischofsheim/Rhön

Telefon: 09772/322
Telefax: 09772/912033

𝒮chon die Fahrt zu dem besonders idyllisch gelegenen Rhönhäuschen ist ein Erlebnis. Fahren Sie von Bad Brückenau in Richtung Bischofsheim und biegen kurz zuvor auf die B 278 in Richtung Ehrenberg ab. Durch die eindrucksvolle Naturlandschaft des Biosphärenreservats Rhön geht es dann hinauf bis zu der 765 m hoch gelegenen ehemaligen bayerisch-preußischen Grenz-

Apfel-Schmand-Forelle

Zutaten

8 Forellenfilets
Zitrone
Butter
3 große, saftige Äpfel
400 ml fränkischer Weißwein
(z. B. Bacchus)
100 ml Apfelsaft
500 g Schmand
Salz, Pfeffer

Zubereitung

munden die ausgesuchten erlesenen Bocks-beutel renommierter fränkischer Weingüter vorzüglich.

Das Ambiente der drei gemütlichen Gast-räume ist bis ins Detail liebevoll ausgestaltet. Frische Blumen, Kachelofen, offener Kamin und edle Antiquitäten zaubern eine unver-gleichlich behagliche Atmosphäre, und das freundliche Serviceteam rund um die sym-pathische Wirtin sowie Küchenchef Matthias

Schmidt sorgen für ein behagliches Wohl-fühl-Ambiente.

Die gemütlichen Zimmer, als Reminiszenz an alte Zeiten hält Marlene Schmidt noch immer ein Wandererzimmer bereit, sind modern und komfortabel gestaltet. Und wer es besonders romantisch liebt, der sollte im ehemaligen Zollhäuschen nächtigen, mit eindrucksvollem Blick über die stille Natur-schönheit „Hohe Rhön".

Äpfel schälen und grob reiben. Dann im Weißwein-Apfelsaftsud dünsten und anschließend abseihen. Die Apfel-julienne und den Schmand vermen-gen, mit Salz, Pfeffer und etwas Sud würzen. Forellenfilets säubern, säuern und salzen. In Butter anbraten. Da-nach den Apfelschmand über die Filets geben und im Backofen bei 200 °C goldgelb überbacken.

Dazu reicht man im Rhönhäuschen in Butter gebackene Kartöffelchen und frische Salate.

KULINARISCHE EMPFEHLUNGEN

KULINARISCHE EMPFEHLUNGEN

VERZEICHNIS DER REZEPTE

$\mathcal{V}$ERZEICHNIS DER REZEPTE

KULINARISCHE ENT

...DURCH DIE SCHÖN

ISBN 3-8295-6409-0

ISBN 3-8295-6402-3

ISBN 3-8295-7309-X

ISBN 3-8295-7301-4

ISBN 3-8295-6411-2

ISBN 3-8295-6413-9

ISBN 3-8295-6418-X

ISBN 3-8295-6416-3

ISBN 3-8295-6417-1

ISBN 3-8295-6415-5

ISBN 3-8295-6424-4

ISBN 3-8295-6423-6

ISBN 3-8295-6412-0

ISBN 3-8295-6410-4

ISBN 3-8295-7303-0

ISBN 3-8295-7302-2

ISBN 3-8295-6420-1

ISBN 3-8295-6421-X

ISBN 3-8295-7308-1

ISBN 3-8295-7304-9

ISBN 3-8295-6419-8

Angaben für alle Titel:
Hardcover – 24 x 30 cm – Fadenheftung – ca. 160 Seiten –
ca. 300 Farbfotos – 1 Karte.

Alle Titel erhalten Sie bei Ihrer örtlichen Buchhandlung. Für weitere Informationen über
unsere Reihe wenden Sie sich direkt an den Verlag:

Umschau Buchverlag
Brüningstraße 580
D-65929 Frankfurt am Main
Telefon 069/26 00 551
Telefax 069/26 00 559
e-mail: info@umschau-buchverlag.de
www.umschau-buchverlag.de

UMSCHAU

IMPRESSUM

Titelfotografie

„Törtchen vom Kalbskopf mit gebeizter Lachsforelle und Ruccolapesto" gekocht im Romantik Hotel und Weingut Zehntkeller, Iphofen.(S.74). Das Essen wurde auf dem Teller „Yono Cyrros" von Rosenthal Studioline angerichtet.

© 2003 Umschau Buchverlag Breidenstein GmbH
Frankfurt am Main

Alle Rechte der Verbreitung in deutscher Sprache, auch durch Film, Funk, Fernsehen, photomechanische Wiedergabe, Tonträger jeder Art, auszugsweisen Nachdruck oder Einspeicherung und Rückgewinnung in Datenverarbeitungsanlagen aller Art, sind vorbehalten.

Gestaltung und Satz
juhu media, Susanne Dölz, Bad Vilbel

Reproduktionen
posi.tiff Dienstleistungen GmbH,
Frankfurt am Main

Fotos
Christin Kasri, Usingen

Texte
Silke Martin, Kriftel

Karte
Elsner & Schichor, Karlsruhe

Herausgeberin
Katharina Többen, Neckargemünd

Druck und Verarbeitung
Brönners Druckerei, Frankfurt am Main

Printed in Germany
ISBN 3-8295-7302-2

Wir bedanken uns für die uns freundlicherweise zur Verfügung gestellten Fotos bei:

Schlosshotel Weyberhöfe (S.16 oben und S.17 oben), Ziegler Freudenberg (S.26 oben und unten), Markus Hauk, Bischöfliches Ordinariat Würzburg (S.34, 154 unten, 162), Weinstuben Juliusspital (S.36, 37 oben und unten), Hotel Rebstock (S.38, 39 oben und unten), Congress- und Tourismus-Zentrale Nürnberg (S.60, 61, 108, 109), Weingut Max Müller (S. 63 unten), Romantikhotel und Weingut Zehntkeller (S. 74), Landhotel Edelfinger Hof (S.90 oben), Landhaus zum Falken (S.101 oben Foto: Lars Zwick), Flair Hotel Die Post (S.102 oben), Hotel Schwarzer Adler (S.111, Foto: Studio C. Schanzenbach), Hotel Schindlerhof (S.114 oben, S.115 oben), Waltmann Rohmilchkäse (S.119 unten), Hotel Herzogenpark (S. 126 und 127), Schamel Meerrettich GmbH (S. 128 und 129), Landgasthof Zur Sonne (S. 130 und 131 oben), Gasthof, Hotel und Brauerei Grosch (S. 144, 145), Brauereigasthof Drei Kronen (S. 151 oben), Altstadtfest in Zeil am Main, Touristik Information Haßberge (S. 156/157), Bad Brückenauer Mineralbrunnen (S.172, 173), photocase (S. 178)